BARCELONE

Libre Expression

Une compagnie de Quebecor Media

Gauche **Intérieur de la casa Lleó Morera** Droite **La Rambla**

Libre Expression
Une compagnie de Quebecor Media

DIRECTION
Nathalie Pujo

RESPONSABLE DE PÔLE
Cécile Petiau

RESPONSABLE DE COLLECTION
Catherine Laussucq

ÉDITION
Émilie Lézénès et Adam Stambul

TRADUIT ET ADAPTÉ DE L'ANGLAIS PAR
Dominique Darbois
avec la collaboration d'Isabelle Guilhamon

MISE EN PAGES (PAO)
Anne-Marie Le Fur

Ce guide Top 10 a été établi par
Annelise Sorensen et Ryan Chandler

Publié pour la première fois en
Grande-Bretagne en 2002 sous le titre :
Top 10 Barcelona
© Dorling Kindersley Limited, Londres 2010.
© Hachette Livre (Hachette Tourisme) pour
la traduction et l'édition françaises 2010
Tous droits de traduction, d'adaptation et
de reproduction réservés pour tous pays.

© Éditions Libre Expression, 2010
pour l'édition française au Canada

Tous droits de traduction, d'adaptation et
de reproduction réservés pour tous pays.

IMPRIMÉ ET RELIÉ EN CHINE PAR
LEO PAPER PRODUCTS LTD.

Les Éditions Libre Expression
Groupe Librex inc.
Une compagnie de Quebecor Media
La Tourelle
1055, boul. René-Lévesque Est, Bureau 800
Montréal (Québec) H2L 4S5
www.edlibreexpression.com

Dépôt légal : Bibliothèque et Archives
nationales du Québec, 2010

ISBN 978-2-7648-0484-1

Le classement des différents sites
est un choix de l'éditeur et n'implique
ni leur qualité ni leur notoriété.

Sommaire

Barcelone Top 10

Barcelone thème par thème

Aussi soigneusement qu'il ait été établi,
ce guide n'est pas à l'abri
des changements de dernière heure.
Faites-nous part de vos remarques,
informez-nous de vos découvertes
personnelles : nous accordons
la plus grande attention
au courrier de nos lecteurs.

Abréviations : **EP** *Entrée payante* **EG** *Entrée gratuite*
C *Climatisation* **PC** *Pas de climatisation*

Gauche **Jardins Mossèn Cinto Verdaguer** Centre **Le bar Pachito** Droite **Terrasse de café, Barri Gòtic**

Gauche **Plaça de Sant Felip Neri, Barri Gòtic** Droite **Dôme inversé, Palau de la Música catalana**

Abréviations : **j.f.** *jours fériés* **t.l.j.** *tous les jours*
AH *Accès handicapés* **PAH** *Pas d'accès handicapés*

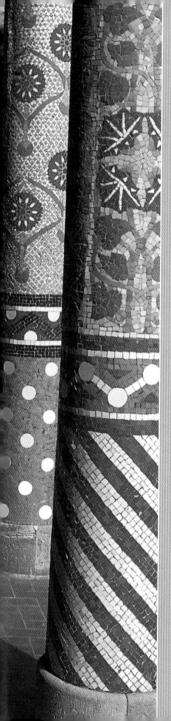

BARCELONE
TOP 10

BARCELONE TOP 10

🔟 À ne pas manquer

Entre des plages de sable bordées d'eaux claires et les montagnes au nord, cette métropole espagnole trépidante est bénie par la géographie. Barcelone a tout à offrir, du vivant quartier rénové, du port à l'ambiance des ruelles médiévales du Barri Gòtic et aux bâtiments modernistes de l'Eixample, sans compter ses nombreux musées abritant des trésors, ses chefs-d'œuvre d'architecture, ses places colorées et ses plages animées.

Sagrada Família

L'incroyable église conçue par Gaudí est devenue le symbole de la ville et de son patrimoine moderniste. Sur les 12 flèches *(ci-dessus)* initialement prévues, huit transpercent le ciel de Barcelone *(p. 8-9)*.

La Rambla

Cœur de Barcelone, cette vivante artère piétonnière *(ci-dessus)* longue de 1 km coupe la vieille ville en deux, de la plaça de Catalunya au Port Velle (vieux port).

AVINGUDA GRAN VIA DE LES CORTS CATALAN
AVINGUDA DE MISTRAL
AV DE RIUS I TAULET
AVINGUDA
CARRER DE LLEIDA
CARRER DE TAMARIT
RONDA DE SANT AN
C. DEL COMTE D'URGELL
DE SANT ANTONI ABAT
C DEL
RONDA DE SANT PAU
AVINGUDA
El Raval
5 Jardins de Joan Maragall
PASSEIG L'EXPOSICIÓ
Montjuïc
7
C NOU DE LA RAMBLA
C NOU DE LA RA
DEL PARAL·LEL
Parc de Montjuïc
Jardins de Miramar
0 ⊢ mètres ⊣ 600

Cathédrale

La splendide cathédrale de Barcelone, de style gothique *(ci-dessus)*, domine la vieille ville. Son cloître, planté de palmiers, est un havre de paix et de fraîcheur à l'intérieur duquel vivent des oies blanches. *(p. 14-15)*.

Parc de la Ciutadella

Le plus grand parc de Barcelone *(p. 16-17)* est une véritable oasis de verdure en plein centre-ville. Il abrite un zoo, deux musées et une fontaine néoclassique *(à droite)*.

5 Museu nacional d'Art de Catalunya

Le Museu nacional d'Art de Catalunya (MNAC), qui occupe l'imposant Palau nacional *(à droite)*, héberge la plus belle collection du monde d'œuvres d'art roman, toutes retrouvées au début du XIXᵉ s. dans des églises catalanes *(p. 18-19)*.

6 Pedrera

Gaudí ne peut renier cette merveille moderniste *(ci-dessous)*, également appelée casa Milà. Le fer forgé des balcons grimpe comme des lianes sur la façade courbe et, sur le toit, des cheminées ornées de mosaïque montent la garde, tels des chevaliers *(p. 20-21)*.

7 Fundació Joan Miró

Magnifique alliance d'art et d'architecture, ce vaste musée est consacré à l'œuvre de Joan Miró, un des plus grands artistes du XXᵉ s. Les tableaux, les sculptures, les dessins et les tapisseries exposés représentent 60 années de travail de cet artiste prolifique *(p. 22-23)*.

8 Museu Picasso

Cinq palais médiévaux accueillent le musée consacré à Picasso. La collection comprend des œuvres de jeunesse, dont plusieurs portraits magistralement exécutés par l'artiste à l'âge de 14 ans *(p. 24-25)*.

9 Palau de la Música catalana

Très bel exemple de l'architecture moderniste à Barcelone, cet édifice *(à gauche)* porte bien son nom puisqu'il abrite une salle de concert *(p. 26-27)*.

10 Museu d'Art contemporani et centre de Cultura contemporània

Cet édifice en verre *(ci-dessus)* abrite le musée d'Art contemporain qui, avec le centre culturel voisin, a contribué au renouveau d'El Raval *(p. 28-29)*.

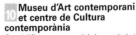

🔟 Sagrada Família

Fantastique tour de force de l'imagination et objet d'infinies controverses, l'indescriptible église d'Antoni Gaudí est un choc lorsqu'on la découvre de près. L'architecte, qui lui a consacré sa vie, est mort en 1926 avant qu'elle ne soit achevée. Ces 80 dernières années, pour un prix incalculable, sculpteurs et architectes ont apporté leur touche au rêve de Gaudí. L'édifice est toujours en travaux, on a ainsi la chance unique de voir peut-être la huitième merveille du monde en construction. Financée par plus d'un million de visiteurs par an, elle devrait être achevée en 2030.

Façade de la Passion

🔈 Pour profiter d'une belle vue sur le chef-d'œuvre illuminé de Gaudí, asseyez-vous le soir à l'une des terrasses qui bordent l'avinguda Gaudí.

🏷 Pour réaliser de bonnes photos de la façade de la Nativité, venez avant 8 h : la lumière est idéale et les bus de touristes ne sont pas arrivés.

Sur la façade de la Passion, recherchez le cryptogramme dont la somme des chiffres donne l'âge auquel le Christ est mort.

• Entrée c/Marina et c/Sardenya
• Plan G2
• 93 207 30 31
• www.sagradafamilia.org
• Métro Sagrada Família
• Ouv. oct.-mars : t.l.j. 9h-18h ; avr.-sept. : t.l.j. 9h-20h
• EP 11 € ; étudiants 5 €
• Vis. guid. mai-oct. : t.l.j. 11h, 13h, 15h et 17h ; nov.-avr. : t.l.j. 11h et 13h, 4 € • AH limité.

À ne pas manquer

1. Façade de la Nativité
2. Façade de la Passion
3. Escaliers
4. Tours
5. Maquette
6. Nef
7. Cloître
8. Musée de la Crypte
9. Abside
10. Travaux en cours

Façade de la Nativité
Cette façade illustre la passion de Gaudí pour les formes organiques. Des plantes et des animaux sont sculptés dans la pierre. Des tortues soutiennent les deux colonnes principales.

Façade de la Passion
Achevée en 2002 par Josep Maria Subirachs, cette façade représente, comme son nom l'indique, le supplice du Christ. Contrastant fortement avec le reste de l'édifice conçu par Gaudí, elle est très controversée.

Escaliers
Des escaliers en colimaçon mènent au sommet des tours, ce qui permet d'admirer de près les gargouilles et les mosaïques *(à droite)*.

Tours
Pour y monter, prenez les escaliers ou l'ascenseur. D'en haut, la vue *(p. 54)* est magnifique : on voit l'ensemble de la Sagrada Família et tout Barcelone. Sujets au vertige, s'abstenir !

➡ *Autres églises* p. **38-39**

Maquette

5 Une maquette de l'église est suspendue dans le musée. Gaudí la réalisa lui-même, à l'aide de chaînes lestées de petits sacs de sable, afin de trouver le mode de construction des arcs et des voûtes de la crypte de la Colonia Güell. Aucun architecte auparavant n'avait employé un tel procédé.

Plan de la Sagrada Família

Nef

6 L'immense nef de l'église est toujours en travaux. Ses colonnes ressemblent, comme le voulait Gaudí, à une forêt d'arbres de pierre dont les branches se déploient jusqu'au plafond.

Cloître

7 Pour réaliser les sculptures, étonnamment modernes, ornant le cloître, Gaudí se serait inspiré des émeutes anarchistes de 1909 *(p. 30-31)*. La tentation de l'Homme par le Démon y est figurée par une statue de serpent qui enlace un rebelle lançant une bombe.

Musée de la Crypte

8 Récemment rénové pour accueillir des expositions audiovisuelles, ce musée retrace l'histoire de l'édifice. La partie la plus intéressante est l'atelier de maquettes, avec les modèles réduits en plâtre et en pierre pour les travaux en cours. La tombe de Gaudí, dans la crypte *(à gauche)*, est visible depuis le musée.

Abside

9 Ornée de lézards, de serpents et de deux escargots géants, l'abside est la première partie de l'église achevée par Gaudí.

Travaux en cours

10 L'église bourdonne d'activité. Sculpteurs accrochés aux tours, tailleurs de pierre attaquant d'énormes blocs, l'édifice est entouré de grues et d'échafaudages *(gauche)*. Observez ce travail de fourmi et vous aurez une idée du gigantisme du projet.

Suivez le guide !

L'entrée se fait par la c/Sardenya ou la c/Marina. Une boutique de souvenirs et un ascenseur pour monter dans une tour se trouvent c/Sardenya. Les escaliers et l'ascenseur pour les autres tours sont situés c/Marina. Il faut payer un supplément pour l'ascenseur (2 €), mais la montée à pied n'est pas facile.

Autres visites dans l'Eixample **p. 102-105**

Gauche **Escalier d'une tour** Droite **Détail d'une porte, façade de la Passion**

TOP10 Dates clefs de la Sagrada Família

1 1882
Pose officielle de la première pierre. L'architecte Francesc del Villar i Lozano dirige le projet, mais, en désaccord avec les fondateurs religieux, il décide de démissionner.

2 1883
Le prometteur Antoni Gaudí est nommé chef de projet. Il vouera 40 ans de sa vie à l'église, finissant par habiter sur le chantier.

3 1889
La crypte est achevée. Elle est entourée d'une suite de chapelles, dont l'une abrite aujourd'hui la tombe de Gaudí.

4 1904
On apporte les touches finales à la façade de la Nativité, où Jésus, Marie et Joseph sont entourés d'anges.

5 1925
La première tour, haute de 100 m, est achevée.

6 1926
Le 10 juin, Gaudí meurt après avoir été renversé par un tramway près de son église bien-aimée. Personne ne reconnaît alors l'architecte le plus célèbre de la ville.

Vitrail

7 1936
La guerre civile espagnole éclate, et les travaux sont interrompus pendant 20 ans. L'atelier de Gaudí et la crypte sont incendiés par les républicains, en signe de protestation contre l'Église catholique qui soutient Franco.

8 1987-1990
L'artiste Josep Maria Subirachs (né en 1927) est chargé de terminer la façade de la Passion. Il s'installe dans l'église, comme son illustre prédécesseur. Ses impressionnantes statues anguleuses et austères attirent à la fois critiques et louanges.

9 2000
Le 31 décembre, la nef est officiellement achevée.

10 2010-2030
D'ici à 2010, les voûtes et l'abside devraient être terminées. L'achèvement complet de l'église est prévu pour 2030. Tout dépend cependant du financement. Comme le souhaitait Gaudí, les travaux sont financés par souscription publique. Et les milliers de touristes qui paient leur entrée pour visiter l'édifice contribuent à son avancement.

Autres bâtiments modernistes **p. 32-33**

Bâtiments conçus par Gaudí à Barcelone

Antoni Gaudí

Porte-drapeau du mouvement moderniste catalan de la fin du XIXe s., Antoni Gaudí est aussi l'architecte le plus célèbre de Barcelone. Catholique fervent, nationaliste catalan convaincu, totalement absorbé par son œuvre architecturale, il mena une vie quasi monacale. Il a été béatifié en 2001 et l'Église catholique catalane œuvre maintenant pour le faire canoniser.

Cheminée, casa Vicens

L'extraordinaire héritage de Gaudí est devenu l'emblème de Barcelone. Son œuvre, exubérante et pleine de gaieté, est à l'image de son nom même qui vient du catalan gaudir, qui signifie « avoir de la joie ». La nature, qui fut une inépuisable source d'inspiration pour les architectes modernistes, domine non seulement les éléments décoratifs de ses bâtiments mais aussi leur structure.

Antoni Gaudí (1852-1926)

Les *trencadís*

Les *trencadís* sont des mosaïques réalisées à partir de tessons de céramique. Gaudí a utilisé cette technique d'une manière révolutionnaire, notamment dans le parc Güell et pour la décoration de la Pedrera, dont certaines cheminées sont couvertes des débris de centaines de bouteilles de *cava*, l'équivalent espagnol du champagne.

Lézard en mosaïque *trencadís*, parc Güell

🔟 La Rambla

Longée des deux côtés par les voitures, mais piétonnière au milieu, la Rambla déborde d'activité. Ici, le jour et la nuit se ressemblent, car ce paradis des curieux est tout sauf calme. Des mimes-statues s'immobilisent puis s'animent, des musiciens de rue jouent les grands classiques, des dessinateurs caricaturent le visage des passants, les stands débordent de fleurs de toutes les couleurs et résonnent du piaillement des oiseaux, et les kiosques à journaux restent ouverts toute la nuit.

Musicien de rue

🔵 **Asseyez-vous à la terrasse du Cafè de l'Òpera *(p. 42)*, situé au n° 74, et commandez un *granissat* (une boisson à la glace pilée).**

✳️ **Attention aux pickpockets, nombreux sur La Rambla.**

• *Plan L2-L6*
• *Métro Catalunya, Liceu, Drassanes*
• *Gran Teatre del Liceu ouv. t.l.j. 11h30-13h (4 €) ; vis. guid. du bâtiment 10h (8,70 €) ; des coulisses et des salles de répétition 9h30 (10 €), location lun.-ven. 13h30-20h, sam.-dim. 1 h avant les représentations.*
• *Mercat de la Boqueria ouv. lun.-sam. 7h-20h*
• *AH*
• *Palau de la Virreina ouv. mar.-sam. 11h-14h, 16h-20h30 ; dim. 11h-15h ; EG • AH*
• *Centre d'Art Santa Mònica ouv. mar.-sam. 11h-20h, dim. 11h-15h ; EG*
• *Església de Betlem ouv. t.l.j. 8h-13h30 et 17h30-20h.*

À ne pas manquer

1. Gran Teatre del Liceu
2. Monument a Colom
3. Mercat de la Boqueria
4. Fleuristes et oiseliers
5. Font de Canaletes
6. Mosaïque de Miró
7. Palau de la Virreina
8. Centre d'art Santa Mònica
9. Immeuble Bruno Quadras
10. Església de Betlem

Gran Teatre del Liceu
Fondé en 1847, l'opéra de la ville *(ci-dessus)* a fait connaître dans le monde entier des stars comme Montserrat Caballé. Il a été rénové après deux incendies.

Monument a Colom
Cette colonne, coiffée d'une statue de Christophe Colomb *(ci-dessus, à droite)*, a été édifiée en 1888 à l'endroit où il débarqua à son retour des Amériques. La vue depuis le sommet est exceptionnelle *(p. 54)*.

Mercat de la Boqueria
Ce marché couvert traditionnel propose à peu près tout ce qui se mange dans une joyeuse cacophonie.

Visites dans le Barri Gòtic et La Ribera p. 70-73

4 Fleuristes et oiseliers

À côté des artistes de rue et des touristes, c'est-à-dire les nouveaux venus, les anciens occupants de la Rambla sont toujours là : de nombreux étals de fleurs et vendeurs d'oiseaux sont tenus par la même famille depuis plusieurs décennies.

5 Font de Canaletes

Assurez-vous de revenir à Barcelone : la légende veut que ceux qui boivent l'eau de cette fontaine du XIXe s. tombent amoureux de la ville et y reviennent.

La Rambla

6 Mosaïque de Miró

Les formes abstraites et les couleurs primaires de ce sol en mosaïque *(ci dessus)* sont faciles à reconnaître : une œuvre de l'artiste catalan Joan Miró.

7 Palau de la Virreina

Le « palais de la vice-reine », de style néoclassique, fut construit en 1778 par le vice-roi du Pérou. Il abrite aujourd'hui des expositions temporaires de sculpture, de vidéo et de photographie.

8 Immeuble Bruno Quadras

Les parapluies qui décorent ce bâtiment de la fin du XIXe s. *(à gauche)* étaient autrefois fabriqués ici.

9 Centre d'art Santa Mònica

Ce couvent du XVIIe s. qui résonnait du murmure des prières a aujourd'hui une nouvelle fonction. Entièrement rénové par le gouvernement dans les années 1980, c'est un centre d'art contemporain qui accueille des expositions temporaires, allant de l'installation vidéo à la sculpture et à la photographie.

10 Església de Betlem

Souvenir d'une époque où la puissante Église catholique imposait ses valeurs, cette église du XVIIe s. rappelle un temps où l'ambiance sur la Rambla était moins provocatrice.

Visites dans El Raval **p. 80-83**

TOP10 Cathédrale

La construction de la cathédrale débute en 1298 sur l'emplacement d'une église romano-wisigothe du VIᵉ s. et d'une basilique du XIᵉ s. Sa façade ne sera achevée qu'au XIXᵉ s., dans un style gothique, d'après les plans dessinés en 1408. L'édifice, flanqué d'une jolie chapelle romane et d'un beau cloître, forme un très bel ensemble. Aujourd'hui encore, ce sanctuaire imposant est le cœur spirituel du Barri Gòtic.

Entrée principale

🔍 Admirez la cathédrale depuis la terrasse du café Estruch, plaça de la Seu.

🎵 Des concerts d'orgue avec chœurs ont lieu tous les mois, renseignez-vous à la Pia Almoina.

On peut voir danser la *sardane*, la danse folklorique catalane, plaça de la Seu (sam. 18h, dim. 12h).

- Plaça de la Seu
- Plan M3
- 93 315 15 54
- Métro Liceu, Jaume I
- cathédrale ouv. t.l.j. 8h-19h30 (dim. 20h) ; plusieurs messes t.l.j. ; 5 € ; EG 8h-12h45 (13h45 dim.) et 17h15-19h30
- Casa de l'Ardiaca ouv. sept.-juil. : lun.-ven. 9h-20h45, sam. 9h-13h ; août : lun.-ven. 9h-19h30 ; EG
- Museu diocesà ouv. oct.-mai : mar.-dim. ; déc. : t.l.j. ; 6 € ; EG

À ne pas manquer

1. Façade principale
2. Stalles du chœur
3. Cloître
4. Crypte de Santa Eulàlia
5. Capella del Santíssim Sacrament i Crist de Lepant
6. Capella de Sant Benet
7. Capella de Santa Llúcia
8. Nef et orgues
9. Pia Almoina et Museu diocesà
10. Casa de l'Ardiaca

Façade principale
Le portail de la façade *(à droite)* est flanqué de deux tours jumelles et encadré de vitraux modernistes et de 100 anges sculptés. Des échafaudages masquent actuellement la façade en travaux.

Stalles du chœur
En bois sculpté, les stalles (1340) sont décorées des blasons de l'ordre de la Toison d'or *(à gauche)* peints par Jean de Bourgogne.

Cloître
Au centre de ce cloître du XIVᵉ s. se dresse une fontaine ornée d'une statue *(à droite)* de sant Jordi (saint Georges). Des oies se promènent autour, sous les palmiers luxuriants.

Autres églises p. 38-39

Crypte de Santa Eulàlia
La première patronne de la ville repose dans un sarcophage en albâtre (1327) au centre de la crypte. Les bas-reliefs dépeignent son martyre.

Capella del Santíssim Sacrament i Crist de Lepant
Cette chapelle du XVᵉ s. renferme le *Christ de Lépante*. Ce crucifix aurait guidé la flotte chrétienne dans une bataille contre les Turcs en 1571, dans le golfe de Lépante.

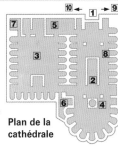

Plan de la cathédrale

Capella de Sant Benet
Dédiée à saint Benoît, patron de l'Europe, cette chapelle abrite le retable de la Transfiguration *(ci-dessous)*, une œuvre du XVᵉ s. du célèbre peintre catalan Bernat Martorell.

Capella de Santa Llúcia
Cette jolie chapelle romane est dédiée à sainte Lucie, protectrice des yeux. Le 13 décembre, jour de la Sainte-Lucie, les aveugles *(els cecs)* viennent nombreux pour y prier.

Nef et orgues
La haute et large nef *(ci-dessous)*, de style gothique catalan, est bordée de 16 chapelles. Elle est dominée par un orgue du XVIᵉ s. qui, durant les offices, résonne dans toute la cathédrale.

Suivez le guide !
L'entrée se fait par la plaça de la Seu, d'où la cathédrale est la plus imposante. Une fois à l'intérieur, sur la gauche, se succèdent les chapelles, puis l'orgue et les ascenseurs qui permettent d'accéder à la terrasse panoramique. La vue sur le Barri Gòtic *(p. 55)* y est magnifique. La casa de l'Ardiacà se trouve sur la droite de la cathédrale (c/Santa Llúcia 1) et le Museu diocesà, sur la gauche (av. de la Catedral 4).

Pia Almoina et Museu diocesà
La Pia Almoina, un hospice pour les pèlerins et les pauvres au XIᵉ s., abrite aujourd'hui le Musée diocésain. Des œuvres romanes et gothiques de toute la Catalogne y sont réunies.

Casa de l'Ardiaca
La maison de l'Archidiacre a été construite au XIIᵉ s., à côté de la porte de l'Évêque percée dans l'enceinte romaine et agrandie au fil des siècles. Son patio, ombragé, possède une fontaine.

Autres visites dans le Barri Gòtic et La Ribera **p. 70-73**

15

🔟 Parc de la Ciutadella

Cette oasis fraîche et paisible, à l'est de la vieille ville, est une halte agréable à l'écart de l'agitation du centre. Conçu à la fin des années 1860 sur le site d'une ancienne citadelle (ciutadella), le parc offre aux Barcelonais un vaste espace naturel (allées, serres et espaces ombragés), des loisirs (canotage sur le lac) et deux musées. C'est ici qu'a eu lieu l'Exposition universelle de 1888, lors de laquelle les grands architectes modernistes de la ville purent exprimer leur talent : Lluís Domènech i Montaner crée alors le castell dels Tres Dragons, qui abrite aujourd'hui le museu de Zoologia (musée de Zoologie), et le jeune Gaudí collabore à la fontaine du parc.

Un des griffons de la fontaine

🅾 Achetez de quoi pique-niquer au marché Santa Caterina (au NO du parc) ou déjeunez rapidement dans l'ambiance coloniale du café de l'Hivernacle. S'il fait chaud, optez pour un *gazpacho*.

• Entrée principale Pg Pujades
• Plan R4
• Parc ouv. t.l.j. 8h-22h30 ; EG ; AH
• Zoo ouv. nov.-fév. : t.l.j. 10h-17h ; mars-mai et oct. : t.l.j. 10h-18h ; juin-sept. : t.l.j. 10h-19h ; 16 €, enfants 10 €, AH
• Museu de Ciènces naturals (castell dels Tres Dragons) et museu de Ciènces naturals (Edifici geologia) ouv. mar.-sam. 10h-18h30, dim. 10h-14h30 ; vis. jumelée 3,50 € ; AH

À ne pas manquer

1 Fontaine
2 Arc de Triomf
3 Parc zoològic
4 Llac
5 Antic Mercat del Born
6 Museu de Ciènces naturals (castell dels Tres Dragons)
7 Museu de Ciènces naturals (Edifici geologia)
8 Hivernacle et Umbracle
9 Parlament de Catalunya
10 Homenatge a Picasso

Fontaine
Gaudí a rendu cette fontaine néoclassique plus fantaisiste *(à droite)*. Des griffons se dressent au-dessus du bassin recouvert de mousse et des chérubins s'amusent au milieu des jets d'eau.

Arc de Triomf
L'Arc de Triomf *(ci-dessus)* est la contribution de l'architecte Josep Vilaseca i Casanoves à l'Exposition universelle de 1888. Au sommet, des anges sonnent du cor.

Parc zoològic
Ces flamants roses comptent parmi les stars du zoo. Des activités diverses sont aussi proposées aux enfants : balades en poney, voitures électriques et train *(p. 62)*.

Autres visites dans le Barri Gòtic et La Ribera p. 70-73

Llac
Au centre du parc s'étend un lac artificiel *(ci-dessus)* où l'on peut louer une barque pour une demi-heure ou plus.

Antic Mercat del Born
Son sous-sol renferme les vestiges de la ville médiévale, avec ses places, ses maisons, ses boutiques et ses palais. Les fondations remontent à 1714, année où Philippe V s'est emparé de Barcelone.

Plan du parc

Castel dels Tres Dragons
Le bâtiment de Domènech i Montaner fait maintenant partie du musée de Sciences naturelles. Le squelette de baleine et les animaux naturalisés, dont un tigre à dents de sabre, sont spectaculaires.

Edifici geologia
Ce musée renferme une collection de 15 000 échantillons minéralogiques, 14 000 roches et 100 000 fossiles trouvés dans la région.

Hivernacle et Umbracle
Palmiers et autres plantes tropicales poussent dans l'humidité de ces deux serres *(ci-dessus)* de la fin du XIXe s. La première a été conçue par l'architecte Josep Amargós, la seconde par Josep Fontseré.

Parlament de Catalunya
Le palau de la Ciutadella *(ci-dessous)*, construit en 1891, est le siège du parlement de Catalogne actuellement présidé par José Montilla. Devant le bâtiment s'étend la plaça d'Armes et un bassin orné d'une sculpture (1907) de Josep Llimona.

Homenatge a Picasso
Il n'est pas facile de décrypter le sens de cette œuvre de l'artiste catalan Antoni Tàpies. L'*Hommage à Picasso* est un grand cube de verre rempli d'objets hétéroclites, notamment de meubles.

Suivez le guide !
Deux stations de métro desservent le parc de la Ciutadella. Pour entrer par l'arc de Triomf, descendez à la station du même nom. Pour aller au zoo, sortez à la station Barceloneta. De là, vous pouvez facilement vous rendre au parc à pied.

Autres parcs **p. 56-57**

🔟 Museu nacional d'Art de Catalunya

Le Museu nacional d'Art de Catalunya (MNAC), qui occupe le Palau nacional, un bâtiment de 1929 de style néoclassique, possède une magnifique collection d'art médiéval. Son département d'art roman est unique au monde : des peintures sur bois et des peintures murales d'églises des Pyrénées catalanes, remontant pour certaines au XI-XIIᵉ s., y sont déposées. Le musée présente également la collection Thyssen-Bornemisza – avec des œuvres allant de la période gothique à la période rococo –, la collection Cambó qui compte entre autres des tableaux de Rembrandt et de Zurbarán, et une collection d'œuvres d'artistes catalans du début du XIXᵉ s. aux années 1930.

Façade du Palau nacional

🍴 **Le rez-de-chaussée abrite un luxueux restaurant dans un cadre d'une grande élégance. Un café très agréable se trouve dans la Sala oval.**

🎨 **Dans le hall, une immense verrière offre une vue spectaculaire sur Barcelone.**

- Palau nacional, parc de Montjuïc
- Plan B4
- Métro Espanya
- 93 622 03 76
- www.mnac.cat
- Ouv. mar.-sam. 10h-19h, dim. 10h-14h30
- EP 8,50 € ; avec réd. 6 € ; EG 1ᵉʳ jeu. du mois (valable 2 j.) ; l'entrée comprend des audioguides disponibles en plusieurs langues.
- Vis. guid. sur r.-v.
- AH

À ne pas manquer

1. Fresques de Santa Maria de Taüll
2. Fresques de Sant Climent de Taüll
3. *Christ Batlló*
4. *Vierge des Conseillers*
5. Collection Cambó
6. Collection Thyssen-Bornemisza
7. *Ramon Casas et Pere Romeu sur un tandem* (1897)
8. Chaise de la casa Batlló (1907)
9. *Femme au chapeau et col de fourrure* (1937)
10. Numismatique

1ᵉʳ étage

1 Fresques de Santa Maria de Taüll

L'intérieur bien conservé de Santa Maria de Taüll (vers 1123) témoigne de la richesse en couleurs des églises romanes. L'enfance du Christ ainsi que des scènes avec les Rois mages et saint Jean-Baptiste y sont représentées.

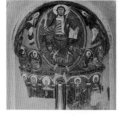

Légende

▦ Galerie d'art roman
▦ Art moderne ; dessins, photos et posters
▦ Galerie d'art gothique
▦ Renaissance et Art baroque
▦ Librairie

2 Fresques de Sant Climent de Taüll

L'intérieur *(gauche)* est un exemple de l'art roman européen aux influences byzantine, française et italienne. Un *Christ en majesté*, entouré de la Vierge et des apôtres, domine l'abside.

 Autres visites dans Montjuïc p. 88-91

Christ Batlló

Ce crucifix en bois du milieu du XIIe s. *(à droite)* montre un Christ en habits de roi, les yeux baissés. Il reste majestueux et pensif dans la souffrance.

Vierge des Conseillers

Ce tableau de Lluis Dalmau a été commandé en 1443 par le Conseil de la Ville. On y voit les hauts conseillers agenouillés devant la Vierge. Des saints et des martyrs assistent à la scène.

Collection Thyssen-Bornemisza

Cette petite sélection de l'immense collection du baron Thyssen-Bornemisza comprend la sublime *Madone* de Fra Angelico (1433-1435) et une charmante *Vierge à l'Enfant* (v.1618) de Rubens.

Collection Cambó

Le politicien catalan Francesc Cambó (1876-1947) a légué au musée sa superbe collection d'œuvres Renaissance et de la période baroque. La *Jeune Fille au miroir* de Titien (v. 1515) fait partie de ses chefs-d'œuvre.

Ramon Casas et Pere Romeu sur un tandem

Le tableau *(ci-dessus)* représente le peintre Casas et son ami Romeu, tous deux fidèles de la taverne bohème Els Quatre Gats *(p. 25)*.

Chaise de la casa Batlló

Le mobilier moderniste comprend quelques superbes meubles d'Antoni Gaudí, comme cette chaise *(à gauche)* conçue pour les confidences entre amis.

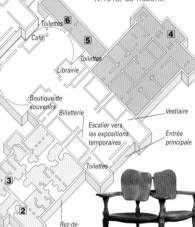

Toilettes
Café
Toilettes
Librairie
Boutique de souvenirs
Billetterie
Escalier vers les expositions temporaires
Vestiaire
Entrée principale
Toilettes
Rez-de-chaussée

Femme au chapeau et col de fourrure

Ce superbe portrait de Maria-Thérèse Walter, la maîtresse de Picasso, montre que le peintre est passé du cubisme et du surréalisme à sa propre expression, le style Picasso.

Numismatique

Les pièces les plus anciennes datent du VIe s. av. J.-C. Vous découvrirez des médailles, des pièces, notamment de la colonie grecque d'Empúries qui battait monnaie depuis le Ve s. av. J.-C., et des billets italiens du XVe s.

Suivez le guide !

Les collections Cambó et Thyssen-Bornemisza sont situées au rez-de-chaussée. Le 1er étage abrite la section d'Art moderne ainsi que les collections de photographies et de numismatique.

Informations sur la Font màgica, située en bas de l'escalier qui monte au Palau nacional **p. 89**

TOP 10 Pedrera ✈

Œuvre célèbre de l'architecte Antoni Gaudí, ce curieux immeuble aux formes onduleuses possède un toit surréaliste et de magnifiques balcons en fer forgé. La Pedrera (« carrière de pierre ») ou casa Milà, achevée en 1910, est le dernier ouvrage civil de Gaudí avant qu'il ne consacre sa vie à la Sagrada Família (p. 8-10). Restauré en 1996 après des années d'abandon, l'immeuble abrite aujourd'hui un musée consacré à l'architecte, un centre d'exposition de la Caixa de Catalunya, un appartement-musée meublé ainsi que des logements privés. La magie de la Pedrera est aussi dans les détails : des poignées de porte aux luminaires !

Façade de la Pedrera

🍸 En été, un bar est ouvert sur le toit, un cadre évidemment très étonnant. On peut y prendre un verre en écoutant de la musique live (ven. et sam. 21h-minuit). Réservation indispensable *(p. 47)*.

🔎 Pour des informations sur les expositions temporaires, consultez le site de la Caixa de Catalunya (http://obrasocial. caixacatalunya.es).

• Passeig de Gracia 92
• Plan E2
• 90 240 09 73
• Métro Diagonal
• Ouv. t.l.j. 9h-20h (nov.-fév. 9h-18h30, mi-juin-fin juil. ven. et sam. 9h-minuit, sur rés. : 902 400 973)
• EP 9,50 € , tarif réduit 5,50 € (EG pour les expositions temporaires).

À ne pas manquer

1. Façade et balcons
2. Toit
3. Espai Gaudí
4. Pis de la Pedrera
5. Cour intérieure : c/Provença
6. Portails
7. Expositions temporaires
8. Cour intérieure : passeig de Gràcia
9. Auditorium
10. Boutique

1 Façade et balcons

Une structure invisible supporte des poutres ondulantes sur lesquelles s'appuient les murs courbes de la façade. Des balcons en fer forgé tarabiscoté *(ci-dessus)* ornent la façade de cet immeuble qui semble défier les lois de la gravité.

2 Toit

Les sculptures du toit *(ci-dessus)* paraissent surréelles : cheminées semblables à des guerriers en armure et tours d'aération *(ci-dessous)* aux formes étranges et organiques. La vue sur l'Eixample est superbe.

3 Espai Gaudí

Dessins, photos, maquettes et films expliquent la magie de l'œuvre de Gaudí. Le musée occupe les impressionnants combles voûtés de l'immeuble, qui comptent 270 arcs.

Autres bâtiments modernistes p. 32-33

4 Pis de la Pedrera

Cet appartement reconstitue un intérieur bourgeois au style conservateur de la fin du XIXᵉ s. *(à droite)*. Le contraste entre les meubles conventionnels et l'exubérance farfelue de l'immeuble est très fort. Pourtant, il s'agit de la même époque...

5 Cour intérieure : carrer Provença

Chaque jour, une armada de guides dirige la foule des touristes dans cette cour pour admirer le féerique escalier en colimaçon orné de mosaïques et de peintures murales raffinées.

6 Portails

Le fin travail de ferronnerie des énormes grilles en fer forgé rappelle que Gaudí représente la 5ᵉ génération d'une famille de ferronniers. Cet art est omniprésent dans son œuvre.

7 Expositions temporaires

La Caixa de Catalunya organise des expositions gratuites d'artistes célèbres comme Marc Chagall, Salvador Dalí et Francis Bacon. Le plafond *(ci-dessus)* de la salle d'exposition semble avoir été recouvert de blanc d'œufs battus !

8 Cour intérieure : passeig de Gràcia

Cette cour abrite, comme la première *(à gauche)*, un grand escalier *(à gauche)*. Le plafond de celui-ci est décoré de motifs floraux.

9 Auditorium

Au sous-sol, l'auditorium est actuellement fermé pour rénovation. Le jardin adjacent offre un peu de verdure.

10 Boutique

Dans ce large éventail d'objets inspirés de l'œuvre de Gaudí, on trouve notamment des répliques en bronze et en céramique des cheminées-guerriers.

Suivez le guide !

L'ascenseur dessert l'espai Gaudí (dernier étage), el Pis (4ᵉ étage) et le toit. L'espace situé en haut de l'escalier de la cour du passeig de Gràcia accueille les expositions temporaires. On accède aux deux cours et à la boutique par l'entrée principale (angle du pg de Gràcia et de la c/Provença).

Informations sur Antoni Gaudí **p. 11**

TOP 10 Fundació Joan Miró

Ce splendide hommage à un artiste catalan si présent dans la ville fut créé en 1975 par Miró lui-même pour en faire un centre d'art contemporain. Le musée possède plus de 11 000 peintures, croquis et sculptures fantasques et colorés de l'artiste. Les quelque 400 œuvres exposées retracent l'extraordinaire itinéraire de cet artiste, du surréalisme des années 1920 à l'engagement des années 1960.

Façade de la fondation

🍽 Le restaurant de la fondation est l'un des meilleurs du quartier *(p. 95).*

🎵 En été, en général le jeudi soir, l'auditorium accueille des concerts de musique expérimentale.

Pour des cadeaux originaux, la boutique propose un large choix d'objets « à la Miró », du linge de table aux flûtes à champagne.

• Av. Miramar, parc de Montjuïc • Plan B4
• 93 443 94 70
• www.bcn.fjmiro.es
• Métro Paral-lel, puis funiculaire ; ou métro Pl. Espanya, puis bus 61 ; ou bus 50 ou 55 depuis le centre-ville
• Ouv. mar., mer., ven. et sam. 10h-19h (juil.-sept. : 10h-20h) ; jeu. 10h-21h30 ; dim. 10h-14h30
• EP 8 € (collection complète) ; de 6 € à 4 € (expositions temporaires) • AH

À ne pas manquer

1. *Tapis de la Fundació* (1979)
2. *L'Estel Matinal* (1940)
3. *Pagès Català al Cla de Lluna* (1968)
4. *Home i Dona Davant un Munt d'Excrement* (1935)
5. *Sèrie Barcelona* (1944)
6. *Font de Mercuri* (1937)
7. Sculptures
8. Terrasse
9. Expositions temporaires
10. Espai 13

1 Tapis de la Fundació
Miró commença à réaliser des tapisseries dans les années 1970. Celle-ci *(droite)*, immense et très colorée, est l'une de ses plus belles.

2 L'Estel Matinal
La série *Les Constellations* comprend 23 peintures sur papier. *L'Étoile du matin*, la seule peinture de la série que possède la Fondation, témoigne de l'état d'esprit de Miró réfugié en Normandie au début de la Seconde Guerre mondiale : oiseaux émaciés, femmes et corps célestes flottant suspendus dans le vide.

3 Pagès Català al Cla de Lluna
Tableau de la fin des années 1960, *Paysan catalan au clair de lune (à gauche)*, décline deux thèmes chers à Miró : la terre et la nuit. Il n'est pas facile de reconnaître la figure du paysan représenté par un simple collage de couleur. Mais sa faux, plus identifiable, devient le croissant de lune, et le ciel nocturne prend la riche tonalité verte de la terre.

22 Autre musée d'art contemporain, le MACBA p. 28-29

4 Home i Dona Davant un Munt d'Excrement

Déformées, les figures à demi abstraites d'*Homme et Femme devant une pile d'excréments (à droite)* cherchent à se rejoindre sur un fond de ciel noir. Le pessimisme de Miró sera bientôt confirmé par le début de la guerre civile espagnole.

5 Sèrie Barcelona

La Fondation possède la série complète de cette cinquantaine de lithographies en noir et blanc. Malheureusement, la *Sèrie Barcelona* est rarement exposée.

6 Font de Mercuri

En signe d'amitié pour Miró, Alexander Calder fit don de sa *Fontaine de Mercure*, une œuvre antifasciste conçue en mémoire de l'attaque d'Almadén.

7 Sculptures

Les sculptures réalisées par Miró du milieu des années 1940 à la fin des années 1950 sont présentées dans la sala Escultura *(ci-dessus)*. Il travailla d'abord la céramique, puis le bronze ; enfin, il ajouta des objets récupérés et peints. *Oiseau Soleil* et *Oiseau Lune* (1946-1949) sont deux chefs-d'œuvre.

8 Terrasse

D'autres sculptures colorées et joyeuses décorent la grande terrasse du musée *(à droite)* dominée par *La Caresse d'un oiseau* (1967), haute de 3 m. La terrasse permet un regard sur l'architecture fonctionnaliste et rationaliste de Josep Lluis Sert mais aussi sur Barcelone.

10 Espai 13

Cet espace présente les œuvres expérimentales d'artistes du monde entier. Le thème change chaque année. Les pièces exposées font une large place aux nouvelles technologies.

9 Expositions temporaires

Les expositions temporaires privilégiant des jeunes artistes se tiennent dans l'aile ouest du musée. Des rétrospectives d'artistes célèbres y ont aussi lieu.

Suivez le guide !

La fondation a célébré son 25e anniversaire en 2001 avec l'ouverture d'une nouvelle salle, la sala K, qui abrite 25 toiles de Miró, prêt à long terme d'un collectionneur privé.

➜ *La fondation n'expose qu'une partie à la fois de sa très vaste collection.*

🔟 Museu Picasso

Ce musée abrite la plus grande collection au monde d'œuvres de jeunesse de Pablo Picasso (1881-1973), un des artistes les plus célèblres du XXᵉ s. À dix ans, Picasso montrait déjà des dons artistiques exceptionnels. À 14 ans, il quitte avec sa famille La Corogne pour s'installer à Barcelone où il entre à l'Académie des beaux-arts. Croquis extraits de ses cahiers d'écoliers, portraits de sa famille, œuvres des périodes bleue et rose : le musée Picasso représente une chance unique de découvrir l'œuvre réalisée par l'artiste avant sa consécration internationale.

Entrée du musée, carrer Montcada

🍷 Après la visite du musée Picasso, vous pouvez prendre un verre ou un en-cas dans le joli patio du Museu tèxtil, voisin *(p. 42).*

🎨 Le museu Picasso occupe cinq palais médiévaux reliés par des cours intérieures ombragées, toutes accessibles.

- C/Montcada 15-23
- Plan P4
- 93 256 30 00
- www.museupicasso. bcn.cat
- Métro Jaume I
- Ouv. mar.-dim. 10h-20h
- Vis. guid. sam. et dim. 12h (catalan), jeu. 18h (espagnol), mar. et jeu. 16h (anglais) ; rés. indispensable museupicasso_ reserves@bcn.cat
- EP 9 € (vis. guid. comprise), 5,80 € (expositions temporaires), EG 1er dim. du mois pour la collection permanente seul. • AH

À ne pas manquer

1. *Hombre con boina* (1895)
2. *Autoretrato con peluca* (1896)
3. *Ciencia y Caridad* (1897)
4. *Menu d'Els Quatre Gats* (1899-1900)
5. *Margot et La Nana* (1901)
6. *El Loco* (1904)I
7. *Arlequin* (1917)
8. *Caballo corneado* (1917)I
9. *Hombre sentado* (1917)
10. Série *Las Meninas* (1957))

1 Hombre con boina

Le sujet et les traits de pinceau de ce pénétrant portrait *(ci-dessous)* démontrent le talent d'un garçon d'à peine 14 ans. Ni petits chiens ni voitures de course : le jeune Picasso préfère peindre le portrait des anciens du village. Il signe cette œuvre P. Ruiz, le nom de son père (Picasso étant celui de sa mère).

2 Autoretrato con peluca

À 15 ans, Picasso réalise plusieurs autoportraits, dont l'*Autoportrait à la perruque*, une référence à Vélasquez, un peintre qu'il admire.

3 Ciencia y Caridad

Le père de Picasso a servi de modèle pour le médecin de *Science et Charité*, un des premiers tableaux que l'artiste exposa.

➤ *Autres musées* p. 40-41

4 Menu d'Els Quatre Gats

En 1900, Picasso expose pour la première fois à Barcelone, au café Els Quatre Gats dans le Barri Gòtic. Sa première commande sera le menu de ce café bohème : un dessin à la plume où il figure avec un groupe d'amis artistes, tous en chapeau haut-de-forme.

5 Margot et La Nana

La *Margot* de Picasso *(au centre)* est le portrait d'une prostituée en train d'attendre le prochain client, tandis que *La Nana* représente une danseuse naine, outrageusement fardée, dont le regard provocant est rendu avec un réalisme remarquable.

6 El Loco

Le Fou (à gauche) est un exemple de la période bleue (1901-1904), quand Picasso aimait les thèmes mélancoliques et les couleurs sourdes.

7 Arlequín

La période néoclassique exprime plus d'optimisme. Le tableau *Arlequín* célèbre la liberté insouciante des artistes de cirque.

8 Caballo corneado

Le cheval affolé de cette toile réapparaîtra dans *Guernica*, œuvre qui dénonce les horreurs de la guerre. On découvre ainsi le processus qui a mené au tableau le plus célèbre de Picasso.

9 Hombre sentado

Des œuvres comme *Homme assis (à droite)* confirment que Picasso fut probablement le plus grand peintre cubiste analytique du XXe s.

10 Série Las Meninas

Cette suite de peintures *(ci-dessous),* inspirée du chef-d'œuvre de Vélasquez *Les Ménines,* montre l'admiration de Picasso pour le peintre.

Suivez le guide !

Le musée occupe cinq palais médiévaux reliés entre eux. Les rez-de-chaussée et 1er étage des trois premiers abritent la collection permanente. Les 1er et 2e étages des deux derniers palais accueillent les expositions temporaires (souvent consacrées à des peintres modernes).

Autres visites dans le Barri Gòtic et La Ribera p. 70-73

TOP 10 Palau de la Música catalana

Cette splendide salle de concert (1905-1908), conçue par le célèbre architecte Lluís Domènech i Montaner, est incontestablement un des chefs-d'œuvre du Modernisme. La façade, toute en briques et en mosaïques polychromes, donne un avant-goût de l'intérieur : « le jardin de musique » comme l'appelait l'architecte. Le foyer est recouvert de motifs floraux et la salle de concert, aussi large que haute, est une véritable célébration de la nature. Son plafond, un dôme inversé en vitrail, laisse entrer la lumière naturelle et éclabousse d'or la salle.

Façade du palau de la Música catalana

🔍 Le bar Modernista, situé derrière le foyer, est le lieu idéal où prendre un verre avant un concert.

🎵 Des concerts à prix réduits ont lieu deux fois par mois vers 18h-19h, le sam. (sept.-juin) ou le dim. (fév.-mai).

Les places pour les concerts et les vis. guid. sont en vente à proximité du Palau, C/Sant Francesc de Paula 2 (90 244 28 82), ouv. t.l.j. 10h-21h.

• Sant Pere Més Alt
• Plan N2
• 90 244 28 82
• www.palaumusica.org
• Métro Urquinaona
• Vis. guid. toutes les 1/2h sept.-juil. : 10h-15h30 ; août et Pâques : 10h-18h (pas de rés. à l'avance)
• EP 10 €
• AH limité

À ne pas manquer

1. Dôme inversé
2. Scène
3. Vitraux des fenêtres
4. Bustes
5. Chevaux ailés
6. Salon de musique de chambre
7. Salle Lluís Millet
8. Foyer et bar
9. Façade
10. Programme

1 Dôme inversé

Le fabuleux dôme inversé en vitrail coloré *(à droite)* est entouré de 40 anges. Durant la journée, la lumière traverse les vitraux et illumine la salle.

3 Vitraux des fenêtres

Estompant la limite entre l'intérieur et l'extérieur, Domènech a entouré la salle de grandes fenêtres à vitraux qui laissent entrer le soleil ou les couleurs d'un ciel menaçant.

2 Scène

La scène *(ci-dessus)* reste animée même quand personne ne s'y produit : de l'arrière-plan surgissent 18 muses en terre cuite et en mosaïque, jouant de la harpe, des castagnettes et d'autres instruments.

Autres bâtiments modernistes p. 32-33

Bustes
4 À l'intérieur de la salle, le buste du compositeur Josep Anselm Clavé (1824-1874) symbolise la musique catalane tandis que celui de Beethoven *(ci-dessus)*, de l'autre côté de la scène, se réfère à la musique classique internationale.

Chevaux ailés
5 Surgissant du plafond, les chevaux ailés du sculpteur Eusebi Arnau apportent mouvement et fougue à la décoration de la salle. Au-dessus de la scène, le char des Walkyries de Wagner bondit.

Salon de musique de chambre
6 À l'étage inférieur, ce salon semi-circulaire conçu pour les répétitions possède une excellente acoustique. La pierre de fondation, au milieu, commémore la construction de l'édifice.

Salle Lluís Millet
7 Cette salle, qui porte le nom d'un célèbre compositeur catalan, est ornée de vitraux remarquables. De magnifiques mosaïques décorent les colonnes de son grand balcon *(à droite)*.

Foyer et bar
8 L'emploi de la mosaïque, de la pierre, du bois, du marbre et du verre est caractéristique du Modernisme. Lluís Domènech i Montaner utilisa tous ces matériaux, notamment pour le foyer et le bar *(ci-dessous)*.

Façade
9 Chaque détail de l'imposante façade *(ci-dessous)* est une merveille moderniste. Une mosaïque représente la création de l'Orfeó Català en 1891.

Programme
10 Plus de 300 concerts et spectacles de danse ont lieu chaque année dans ce décor exceptionnel. Le festival de musique et de danse traditionnelles catalanes, *Cobla, Cor i Danza*, débute au mois de février.

L'Orfeó Català
L'Orfeó Català est sans doute le chœur le plus célèbre à se produire dans cette salle. C'est d'ailleurs pour lui que le palau de la Música catalana a été construit. Tous les 26 décembre, ce chœur de 90 voix donne un récital. Pensez à réserver.

Autres visites dans le Barri Gòtic et La Ribera p. 70-73

Museu d'Art contemporani et centre de Cultura contemporània

Le contraste est absolu entre la blancheur éclatante du museu d'Art contemporani (MACBA) et les ruelles sombres qui l'entourent. Depuis sa création en 1995, le musée forme avec le centre de Cultura contemporània (CCCB) un fort pôle d'attraction et a joué un rôle important dans la réhabilitation du quartier d'El Raval. La collection permanente du MACBA comprend des œuvres d'artistes contemporains de renom, espagnols et étrangers. Les expositions temporaires présentent des créations variées allant de la peinture aux installations vidéo. Le CCCB organise expositions, projections de film et conférences.

Espace d'exposition
du MACBA

🍽 Le restaurant Pla dels Àngels (carrer Ferlandina) sert des plats catalans « cuisine nouvelle » bon marché à une clientèle branchée.

- MACBA
- Plaça dels Àngels
- Plan K2
- Métro Catalunya
- 93 412 08 10
- www.macba.cat
- Ouv. fin sept.-fin juin : lun. et mer.-ven. 11h-19h30, sam. 10h-20h, dim. 10h-15h ; juil.-sept. : lun., mer., ven. 11h-20h, jeu. 11h-minuit, sam. 10h-20h, dim. 10h-15h
- EP 7,50 € (tous les étages), 6 € (2 expositions), 4 € (1er étage) ; mer. 3,50 € (tous les étages) • AH
- CCCB
- Montalegre 5
- Plan K1
- Métro Catalunya
- 93 306 41 00
- www.cccb.org
- Ouv. mar.-dim. 11h-20h (jeu. 11h-22h) • EP 4,50 € ; EG 1er mer. du mois

À ne pas manquer

1. Passerelles
2. Expositions temporaires
3. Collection permanente
4. Façade
5. Espace puzzle
6. *Réveil soudain*
7. Espaces de lecture et de repos
8. CCCB : patio de les Donnes
9. CCCB : expositions temporaires
10. Plaça Joan Coromines

1 Passerelles
Les étages sont reliés par des passerelles *(ci-dessus)* où la lumière est omniprésente. Avant de visiter, regardez à travers la façade de verre sur la plaça dels Àngels.

3 Collection permanente
La MACBA possède plus de 2 000 œuvres, la plupart européennes, représentant les grands courants artistiques contemporains. Seuls 10 % du fond sont exposés en alternance. Cette œuvre d'Eduardo Arranz Bravo *(à droite)* s'intitule *Homea* (1974).

2 Expositions temporaires
L'espace modulable consacré aux expositions temporaires accueille le meilleur de l'art contemporain, comme les œuvres de Zush et du très en vue Dieter Roth.

Autres musées p. 40-41

4 Façade
La géométrie régulière et la couleur blanche du bâtiment conçu par l'Américain Richard Meier offre un contraste saisissant avec les vieux immeubles du quartier populaire d'El Raval. La façade *(au centre)*, en verre, reflète les acrobaties des skateurs de la place.

5 Espace puzzle
Au rez-de-chaussée, plusieurs tables attendent les amateurs de puzzles *(à gauche)* qui pourront reconstituer des photos prises dans El Raval. Certaines images des habitants du quartier sont étonnantes.

6 Réveil soudain
À droite de l'entrée principale se trouve un lit « déconstruit » *(ci-dessus)* réalisé entre 1992 et 1993 par Antoni Tàpies, un des artistes contemporains catalans les plus connus. C'est une des rares œuvres de la collection exposées de façon permanente.

7 Espaces de lecture et de repos
Entre les différents espaces d'exposition, des canapés en cuir blanc très confortables sont à la disposition des visiteurs. On y trouve des casques d'écoute et des livres d'art : une invitation à la méditation et à la détente dans un superbe cadre.

8 CCCB : patio de les Donnes
Le CCCB occupe un hospice du XVIIIe s. qui donne dans la carrer Montalegre. Une façade en verre, inclinée, ferme le patio *(à gauche)*, reflétant les bâtiments d'origine. Cette juxtaposition du moderne à l'ancien est une réussite.

9 CCCB : expositions temporaires
Les expositions du CCCB sont plus thématiques que monographiques, contrairement à celles organisées par le MACBA. Avec un festival de courts-métrages (sept.) et le festival techno Sònar (juin), le CCCB est toujours à la pointe des tendances.

10 Plaça Joan Coromines
Le charme de cette place réside dans l'hétérogénéité des édifices : le classique CCCB, l'ultramoderne MACBA, le nouveau bâtiment de l'université et une église néoromane du XIXe s. Les cafétérias du MACBA et du CCCB y ont leurs terrasses.

Suivez le guide !
Le MACBA et le CCCB donnent sur la plaça Joan Coromines, mais ont des entrées séparées. On accède au 1er par la plaça dels Àngels et au 2e par la carrer Montalegre. Les espaces d'exposition du MACBA comme du CCCB sont modulables.

Autres visites dans El Raval p. 80-83

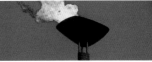

Gauche **La *Setmana tràgica,*** 1909 Droite **Les jeux Olympiques, 1992**

🔟 Un peu d'histoire

1 Av. J.-C. : la fondation d'une cité

Au IIIe s. av. J.-C., le Carthaginois Hamilcar Barca fonde Barcino. Les Romains conquièrent la ville en 218 av. J.-C. ; celle-ci jouera un second rôle après Tarragone (appelée alors Tarraco), capitale de la province.

2 IVe s.-XIe s. : les invasions

Alors que l'Empire romain se désagrège, les Wisigoths, au Ve s., puis les Maures, au VIIIe s., s'emparent de la ville. En 800, Charlemagne conquiert la région.

EXPOSICION INTERNACIONAL DE BARCELONA 1929 EL ARTE EN ESPAÑA

Affiche de l'Exposition universelle de 1929

3 XIIe s.-XVIe s. : naissance et mort de l'autonomie catalane

Barcelone est la capitale d'un empire catalan qui comprend une bonne part de l'Espagne actuelle et des îles en Méditerranée. Sa fortune vient du commerce, mais la Castille obtient le monopole des échanges avec le Nouveau Monde. La dynastie catalane faiblit, Barcelone tombe sous domination castillane.

4 1640-1652 : la révolte catalane

En 1640, *els segadors* (« les moissonneurs ») mènent une révolte contre Madrid, alors sous la domination autrichienne des Habsbourg. La lutte se poursuit jusqu'en 1652, date de la défaite des Catalans et de leurs alliés français.

5 XIXe s. : la croissance industrielle

L'essor de l'industrie et du commerce avec les Amériques ranime la ville. Les immigrants affluent de la campagne, apportant les bases de la prospérité et celles de l'agitation politique. On abat les vieux murs de la ville, on trace les larges avenues de l'Eixample, et les ouvriers investissent les vieux quartiers désertés par la bourgeoisie.

6 1888-1929 : la Renaixença

Les Expositions universelles de 1888 et de 1929 témoignent de la prospérité retrouvée de la Catalogne. La culture catalane, sous l'impulsion de la bourgeoisie, connaît alors un renouveau, notamment en architecture, avec le mouvement moderniste, et dans les arts.

7 1909-1931 : les années révolutionnaires

Les mécontentements couvent chez les ouvriers, les royalistes, les républicains, les

communistes, les fascistes, les anarchistes et les nationalistes catalans. En 1909, des manifestations contre la guerre du Maroc tournent à l'émeute. C'est la *Setmana tràgica*. Après quelques années de dictature, la République catalane est proclamée en 1931.

8 1936-1975 : la guerre civile et Franco
Barcelone résiste aux troupes franquistes de 1936 à 1939. Une vague de répression suit la défaite, et l'enseignement du catalan est interdit.

9 1975-1980 : la transition démocratique
La mort de Franco en 1975 ouvre la voie à la démocratie. La langue catalane est de nouveau autorisée. Une nouvelle constitution est instaurée, la Catalogne obtient officiellement l'autonomie, et son gouvernement est élu en 1980.

10 1992-aujourd'hui : les JO et l'avenir
Le succès des JO de 1992 propulse Barcelone sur la scène mondiale. Aujourd'hui, la ville est dirigée par une municipalité socialiste et tient à sa double identité, espagnole et catalane.

La guerre civile, 1936

Personnages historiques

1 Guifred le Velu
Le premier comte de Barcelone (mort en 897) est considéré comme le fondateur de la Catalogne.

2 Raimond Bérenger IV
En épousant la princesse Pétronille en 1137, il réunit Catalogne et Aragon.

3 Jacques Ier le Conquérant
Jacques Ier le Conquérant (mort en 1276) s'empare des Baléares et de Valence, posant les fondations de l'Empire catalan.

4 Ramon Llull
Philosophe et missionnaire majorquin, Ramon Llull (mort en 1316) est le grand écrivain catalan du Moyen Âge.

5 Ferdinand le Catholique
Roi d'Aragon et de Catalogne (mort en 1516), il épouse Isabelle de Castille, ouvrant la voie à la création du royaume d'Espagne et à la fin de l'indépendance catalane.

6 Ildefons Cerdà
Urbaniste du XIXe s., il dessine la trame urbaine de la Barcelone moderne.

7 Antoni Gaudí
L'architecte est à l'origine des plus célèbres monuments modernistes de Barcelone.

8 Francesc Macià
Cet homme politique, socialiste et nationaliste, proclame en 1931 la République catalane.

9 Lluís Companys
Exilé en France pendant la guerre civile, le président catalan y est arrêté en 1940 par la Gestapo et livré à Franco qui le fait fusiller.

10 Jordi Pujol
Le parti conservateur Convergència i Unió de ce nationaliste modéré gouverne la Catalogne de 1980 à 2003.

Vitraux, Casa Lleó Morera

🔟 Bâtiments modernistes

1 Sagrada Família
Huit flèches vertigineuses
et une multitude de sculptures
ornent le chef-d'œuvre de Gaudí.
Sa construction, qui débuta en
même temps que le mouvement
moderniste, se poursuit toujours
un siècle plus tard (p. 8-10).

2 Pedrera
Un immeuble incroyable :
un toit étrange, une façade ondu-
leuse, des balcons en fer forgé
et des mosaïques dans les halls
d'entrée… toute la fantaisie architecturale de Gaudí (p. 20-21) !

3 Palau de la Música catalana
Cette splendide salle de concert
brillant de tous ses vitraux,
mosaïques et sculptures est
un chef-d'œuvre du Modernisme
créé par Domènech i Montaner.
Le travail de Miquel Blay sur
la façade est un des plus beaux

Toit et cheminées de la casa Batlló

exemples de la sculpture moderniste à Barcelone (p. 26-27).

4 Hospital de la Santa Creu i de Sant Pau
Commencé en 1905 par
Domènech i Montaner et achevé
par son fils en 1930, cet hôpital
est un défi au plan en damier
de l'Eixample : ses pavillons
sont alignés sur deux avenues
à 45 degrés par rapport aux
rues du quartier. Les pavillons
de l'hôpital sont décorés des
mosaïques, vitraux et sculptures
d'Eusebi Arnau. Les piliers
octogonaux à chapiteaux
fleuris sont inspirés de ceux du
monestir de Santes Creus (p. 124),
au sud de Barcelone (p. 103).

5 Fundació Antoni Tàpies
Première œuvre moderniste
de Domènech i Montaner, ce
bâtiment fut construit en 1886
pour les éditions Montaner i
Simon. Inspirée de l'art mudéjar,
l'austère façade en briques
rouges contraste avec la richesse
de la décoration des édifices
que l'architecte dessinera
par la suite. Aujourd'hui occupé
par la fondation Antoni-Tàpies,
le bâtiment est couronné d'une
sculpture géante de l'artiste
catalan (p. 104).

6 Casa Batlló ✱
Située dans la Mansana de
la Discòrdia (p. 103), cet édifice
illustre l'attachement de Gaudí
à l'identité catalane. La casa
Battló représente la légende

*Le pass La Ruta modernista inclut une réduction sur l'entrée de
tous les bâtiments modernistes et une carte/guide p. 133*

de saint Georges, patron de la Catalogne *(p. 39)* : le toit est le dos du dragon, et les balcons en forme de masque, le crâne de ses victimes.
Les mosaïques polychromes de la façade révèlent une grande maîtrise des couleurs et des matériaux.
◉ *Pg de Gràcia 43 • plan E2 • ouv. t.l.j. 9h-20h • EP 16,50 € • AH.*

Casa Amatller
Les céramiques bleues, crème et rose, et des fleurons rouge sombre brillent sur la façade de cet édifice de la Mansana de la Discòrdia.

Casa de les Punxes

L'architecte Puig i Cadalfach utilisait beaucoup la céramique, comme d'autres architectes modernistes. Cette Mansana de la Discòrdia est une résidence privée, mais des visites permettent de découvrir le vestibule néomédiéval et l'ancien studio de photograhies d'Amatller.
◉ *Pg de Gràcia 41 • plan E2 • vis. guid. et expositions temporaires lun.-sam. 10h-20h et dim. 10h-15h ; vis. guid. lun.-ven. • EG • AH.*

Palau Güell ✳
La fantaisie inouïe de ce palais illustre la démarche expérimentale de Gaudí, notamment à travers l'emploi d'arcs paraboliques pour structurer l'espace. L'architecte a aussi utilisé des matériaux inhabituels, comme l'ébène et d'autres essences rares d'Amérique du Sud *(p. 81)*.

Casa de les Punxes (casa Terrades)
Osant, comme peu d'autres, aller jusqu'au bout des obsessions médiévales et gothiques des Modernistes, Puig i Cadafalch construit cet imposant bâtiment entre 1903 et 1905. La casa Terrades a été surnommée la « maison des Pointes » (casa de les Punxes) en raison des flèches qui coiffent ses tours. La façade est plus sobre que celle de bien d'autres bâtiments modernistes.
◉ *Av. Diagonal 416 • plan F2 • ferm. au public.*

Casa Lleó Morera
Fer forgé, mosaïques, sculptures et vitraux créent ici la synthèse entre arts décoratifs et beaux-arts. L'intérieur de cette maison conçue par Domènech i Montaner abrite de belles sculptures d'Eusebi Arnau, et certains des plus beaux meubles modernistes. ◉ *Pg de Gràcia 35 • plan E3 • ferm. au public.*

Pages suivantes Toit de la Pedrera

Gauche **Plaça de Catalunya** Droite **Plaça Reial, Barri Gòtic**

TOP 10 Places de caractère

1 Plaça Reial
De majestueux bâtiments néoclassiques, des lampadaires modernistes dessinés par Gaudí et une touche exotique font de la plaça Reial et de ses arcades un site unique au cœur du Barri Gòtic. Très animés, les cafés et les bars de la place sont un lieu de rendez-vous pour les habitants du centre *(p. 72)*.

2 Plaça de Catalunya
Toute l'activité de la ville semble converger vers cette immense place. Terminus des bus de l'aéroport, des trains de la RENFE, de nombreuses lignes de bus et de métro, la plaça de Catalunya est pour beaucoup de touristes la première image de Barcelone. Ici, le commerce est roi comme l'atteste la présence d'un magasin de la chaîne El Corte Inglés *(p. 139)*, incontournable en Espagne. Les pigeons, des orchestres péruviens et des sonos tonitruantes se partagent son centre, tandis que des hordes de voyageurs, routards ou groupes organisés, circulent dans tous les sens. La place compterait 25 résidents officieux, immigrants et sans-abri pour la plupart. ◈ *Plan M1.*

3 Plaça del Rei
Située dans le Barri Gòtic, cette place médiévale remarquablement bien conservée est bordée de magnifiques bâtiments. Parmi eux, le Palau reial *(p. 71)* du XIVe s. abrite le saló del Tinell, une immense salle du trône et de banquet de style gothique catalan. ◈ *Plan N4.*

4 Plaça de Sant Jaume
Cette place est le centre politique historique de la ville. Ici, les deux administrations les plus importantes de Barcelone se font face : le majestueux palau de la Generalitat et l'ajuntament du XVe s. *(p. 71)*.

Un café de la plaça Sant Josep Oriol, Barri Gòtic

Plaça de Rius i Taulet

Le village de Gràcia a été absorbé par Barcelone en 1897 ; il est devenu un quartier bohème et alternatif où l'on se retrouve encore entre voisins pour prendre un verre sur une des *plaças* du quartier. La petite plaça de Rius i Taulet, avec une grande tour-horloge au centre, a beaucoup de charme. Les terrasses de ses cafés attirent les musiciens de rue. ◈ *Plan F1.*

Façade, plaça del Pi

Plaça de Sant Josep Oriol et plaça del Pi

La plaça de Sant Josep Oriol et la plaça del Pi (*pi* signifie « pin » en catalan), contiguës, sont séparées par la belle église gothique Santa Maria del Pi. Vous y trouverez le charme des vieux quartiers et de nombreux cafés où l'on passe son temps à refaire le monde. ◈ *Plan M3 et M4.*

Plaça Comercial

Le passeig del Born, très animé, débouche sur la plaça Comercial, bordée d'accueillantes terrasses. En face, le marché del Born du XIXe s. *(p. 72)* a été transformé en centre culturel et espace d'exposition. ◈ *Plan P4.*

Plaça del Sol

Blottie au cœur du quartier de Gràcia, la plaça del Sol est entourée d'élégants bâtiments du milieu du XIXe s. À la tombée du jour, elle devient un lieu très animé. Cherchez la compagnie des Barcelonais attablés aux terrasses pour commencer votre soirée. ◈ *Plan F1.*

Plaça de Santa Maria

Dans le quartier d'El Born, la superbe església de Santa Maria del Mar *(p. 72)* de style gothique apporte calme et sérénité à la place du même nom. Assis à une terrasse, profitez du soleil tout en observant les passants. ◈ *Plan N5.*

Plaça de la Vila de Madrid

À deux pas de la Rambla *(p. 12-13)*, cette vaste place a été construite non loin du mur d'enceinte de la Barcino romaine. En 1957, une rangée de tombes sans ornement datant du IIe s. au IVe s. y fut découverte. L'ensemble des vestiges de cette nécropole est ouvert au public. ◈ *Plan M2.*

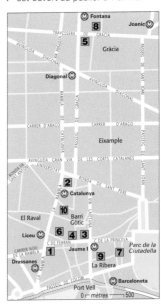

Barcelone thème par thème

Les parcs et les plages **p. 56-57**

37

Gauche **Església de Betlem** Droite **Temple expiatori del Sagrat Cor**

🔟 Églises et chapelles

Cathédrale
La façade de la splendide cathédrale de Barcelone de style gothique est aussi intéressante que son cloître est paisible (*p. 14-15*).

Església de Santa Maria del Mar
Cette église (1329-1383) est l'un des plus beaux exemples du style gothique catalan, à la simplicité caractéristique. Une spectaculaire rosace illumine la large nef (*p. 72*).

Monestir de Santa Maria de Pedralbes
Le monastère (*p. 111*) abrite un splendide cloître gothique et la capella de Sant Miquel, ornée de peintures murales réalisées en 1346 par Ferrer Bassa. L'église gothique voisine renferme le tombeau en albâtre de la reine Elisenda, fondatrice du couvent.
🔗 *C/Baixada del Monestir 14 • plan A1 • ouv. oct.-mars : mar.-sam. 10h-14h, dim. 10h-15h ; avr.-sept. : mar.-sam. 10h-17h, dim. 10h-15h.*

Església de Sant Pau del Camp
Cette église du Xe s. appartenait à un monastère bénédictin fondé au IXe s. par Guifré II, comte de Barcelone. Sa façade ornée et son cloître à arcs en plein cintre sont deux beaux exemples du style roman (*p. 83*).

Santa Eulàlia, cathédrale à Barcelone

Església de Sant Pere de les Puelles
Édifiée en 801 pour servir de chapelle à une garnison de Barcelone, cette église deviendra ensuite un lieu de retraite spirituelle pour les jeunes filles de la noblesse. Rebâtie au XIIe s., l'église est remarquable pour sa coupole centrale romane et ses chapiteaux couronnés de feuilles d'acanthe. Les deux tablettes en pierre représentent une croix grecque proviennent de la première chapelle.
🔗 *Pl. de Sant Pere • plan P2 • ouv. lun.-ven. 8h45-13h et 17h-19h30, sam. 8h45-13h et 16h30-18h30, dim. 10h-14h.*

Església de Santa Maria del Pi
Cette église gothique est en parfaite harmonie avec la place (*p. 37*) sur laquelle elle se dresse. Remarquez ses beaux vitraux. 🔗 *Pl. del Pi • plan L3 • ouv. t.l.j. 9h-13h30 et 16h30-21h • AH.*

Capella de Santa Àgata
Derrière les hauts murs du Palau reial (*p. 71*) se cache cette chapelle du Moyen Âge, remarquable pour ses vitraux et son retable du XVe s.
🔗 *Pl. del Rei • plan N3 • ouv. mar.-sam. 10h-20h, dim. 10h-15h (oct.-mai : ferm. 14h-16h) • EP.*

8 Temple Expiatori del Sagrat Cor

Le mont Tibidabo, qui surplombe la ville, est un emplacement idéal pour cette immense église néogothique couronnée d'un Christ doré ouvrant les bras. Tibidabo signifie « je te le donnerai » en latin. Ce sont les mots qu'adressa Satan au Christ lorsqu'il chercha à le corrompre en lui montrant le monde. Les prêtres, entièrement au service des fidèles, célèbrent l'Eucharistie toute la journée.
◈ *Tibidabo • plan B1 • ouv. t.l.j. 10h30-19h30.*

9 Capella de Sant Jordi

Le palau de la Generalitat *(p. 71)* abrite cette belle chapelle du XVe s. dédiée au saint patron de la Catalogne.
◈ *Pl. Sant Jaume • plan M4 • vis. guid. 2e et 4e dim. du mois 10h30-13h30.*

10 Església de Betlem

Plusieurs édifices religieux ont été construits le long de la Rambla aux XVIIe s. et XVIIIe s., durant la période faste de l'Église. L'església de Betlem est la seule église encore active.
◈ *C/Xuclà 2 • plan L3 • ouv. t.l.j. 8h-13h30 et 17h30-20h • AH.*

Nef gothique, capella de Santa Àgata

Les saints patrons de la Catalogne

1 Sant Jordi
Saint Georges, le patron de la Catalogne et vainqueur du fameux dragon, est représenté dans toute la ville.

2 La Mercè
Sainte patronne de Barcelone depuis 1637. Les Festes de la Mercè *(p. 64)*, en son honneur, sont plutôt débridées.

3 La vierge de Montserrat
La célèbre Vierge noire catalane protège Barcelone.

4 Santa Eulàlia
Sainte Eulalie, martyrisée au IIIe s. par les Romains, est la première sainte patronne de la ville.

5 Santa Elena
Selon la légende, sainte Hélène se serait convertie au christianisme après avoir découvert la sainte Croix à Jérusalem en 346.

6 Santa Llúcia
Sainte Lucie, patronne des aveugles, est fêtée le 13 décembre dans la cathédrale où une chapelle *(p. 15)* lui est dédiée.

7 Sant Cristòfol
Faute de preuves de son existence, Christophe n'est pas un saint officiel, mais les voyageurs le considèrent comme leur protecteur.

8 Sant Antoni de Padua
Le 13 juin, les célibataires désireux de se marier prient le saint avec ferveur.

9 Santa Rita
Patronne des causes désespérées, sainte Rita est implorée par ceux qui croient aux miracles.

10 Sant Joan
La nuit de la Saint-Jean *(p. 64)* se fête par des feux de joie et des feux d'artifice.

Gauche *Peix,* Frank Gehry Droite Stade de Camp Nou

TOP 10 Musées

1 Museu nacional d'Art de Catalunya
Ce musée, qui occupe le Palau nacional (1929), abrite une impressionnante collection d'art catalan roman et gothique. Les fresques romanes provenant d'églises des Pyrénées catalanes sont remarquables (*p. 18-19*).

2 Fundació Joan Miró
Hautes et spacieuses, les salles d'exposition de ce superbe musée sont le lieu idéal pour l'œuvre abstraite et polychrome de Joan Miró, un des plus célèbres artistes catalans du XXe s. (*p. 22-23*).

3 Museu Picasso
On assiste à l'éclosion et à l'essor vertigineux du génie artistique de Picasso dans ce musée rassemblant une des plus vastes collections de ses œuvres de jeunesse (*p. 24-25*).

4 Museu d'Art contemporani et centre de Cultura contemporània
Le MACBA, inauguré en 1995, forme avec le CCCB voisin un pôle artistique et culturel au cœur du quartier d'El Raval. Tous deux accueillent des expositions temporaires : artistes contemporains au MACBA, expositions thématiques au CCCB (*p. 28-29*).

5 Fundació Tàpies
Un beau bâtiment moderniste abrite les œuvres de l'artiste catalan Antoni Tàpies. La collection comprend ses premiers collages, mais aussi de grandes peintures abstraites, la plupart porteuses d'un message social ou politique (*p. 104*).

Terrasse de la fundació Tàpies

6 Museu d'Història de la ciutat
Le musée d'Histoire de la ville occupe une partie du Palau reial et de la casa Padellàs (XVe s.), deux bâtiments qui, avec la plaça Reial où ils se trouvent, vous ramèneront au Moyen Âge. Sa visite permet de voir des vestiges de la Barcelone romaine (*p. 71*).

Blason du FC Barcelone

7 Museu del FC Barcelona
D'innombrables fans rendent hommage au club de football barcelonais dans ce temple où coupes, affiches et autres souvenirs célèbrent son histoire centenaire. Le stade Camp Nou, à côté, se visite lui aussi (*p. 111*).

Museu marítim
8 L'épopée maritime de Barcelone, du Moyen Âge au XIXe s., est retracée dans les grandes salles voûtées des Drassanes reials, les chantiers navals du XIIIe s. Des maquettes, des cartes et des instruments de navigation y sont exposés. On peut même y découvrir l'impressionnante réplique grandeur nature de la *Real*. Cette galère, commandée par don Juan d'Autriche, a mené les chrétiens à la victoire contre les Turcs, dans le golfe de Lépante en 1571 *(p. 81)*.

Museu Frederic Marès
9 Le sculpteur catalan Frederic Marès (1893-1991) était un collectionneur passionné aux goûts éclectiques. Ce musée présente les innombrables trouvailles qu'il a rapportées de ses voyages : des statues religieuses romanes et gothiques, et une collection d'objets allant des poupées aux éventails

Vierge, musée Frederic Marès en passant par les pipes et les cannes *(p. 72)*.

CosmoCaixa museu de la Ciencia
10 Ce musée très moderne offre un panorama exhaustif de l'histoire scientifique, du Big Bang à l'âge informatique. Le circuit interactif à travers l'histoire géologique de notre planète, l'espace de forêt amazonienne et le planétarium sont remarquables. ◈ *Teodor Roviralta 47-51 • plan B1 • ouv. mar.-dim. 10h-20h • EP (EG 1er dim. du mois) • AH • www.cosmocaixa.com.*

Monuments et musées insolites
1 ### Museu de Carrosses fúnebres
Une collection de corbillards de la fin du XIXe s. ◈ *C/Sancho d'Àvila 2 • plan G3.*

2 ### Centre d'interpretació del Call
Des objets de la communauté juive de Barcelone de l'époque médiévale. ◈ *Pl. de Manuel Ribé • plan M4.*

3 ### Museu de la Màgia
Un musée consacré à la magie, avec une collection datant du XVIIIe s. ◈ *C/Oli 6 • plan N4.*

4 ### Museu dels Autòmates
Automates à formes humaine et animale. ◈ *Parc d'atraccions del Tibidabo • plan B1.*

5 ### Museu de la Xocolata
Présentations interactives à la gloire du chocolat, dégustations et maquettes comestibles de la ville. ◈ *Pl. Pons i Clerch • plan P4.*

6 ### Museu de Cera
Plus de 350 personnages de cire : Marilyn Monroe, Gaudí mais aussi Franco. ◈ *Ptge de la Banca 7 • plan L5.*

7 ### Museu del Calçat
Des chaussures de toutes les époques. ◈ *Pl. de Sant Felip Neri 5 • plan M3.*

8 ### Museu del Perfum
Des flacons de parfum par centaines, de l'époque romaine à nos jours. ◈ *Pg de Gràcia 39 • plan E2.*

9 ### Cap de Barcelona
Le Visage de Barcelone (1992) par l'artiste pop Roy Lichtenstein. ◈ *Pg de Colom • plan N5.*

10 ### Peix
Un grand poisson miroitant (1992) dessiné par Frank Gehry. ◈ *Port Olímpic • plan G5.*

Une fois par mois, l'entrée est gratuite dans de nombreux musées **p. 140**

Gauche **Cafè de l'Òpera, la Rambla** Droite **Restaurant en bord de mer, Port Vell**

Cafés et bars

Cafè Bliss
Caché dans une petite rue, sur l'une des plus jolies places gothiques de la vieille ville, le café Bliss est charmant. Sa terrasse lumineuse et ses canapés confortables en font l'endroit idéal pour prendre un café, un repas léger ou un verre le soir *(p. 78)*.

Cafè de l'Òpera
Situé en face du Liceu, ce qui explique son nom, cet élégant café de la fin du XIXe s. accueille une clientèle très éclectique. Commandez à l'un des *cambrers* (garçons de café) de cette ancienne *xocolateria* des *xurros amb xocolata* (beignets accompagnés d'un chocolat épais) et regardez les passants déambuler le long de la Rambla. ✪ *La Rambla 74 • plan L4.*

Tèxtil Cafè

Tèxtil Cafè
Très ensoleillé, le patio médiéval de ce café est idéal pour une pause loin du monde extérieur. Optez pour l'*amanida tèxtil* (fromage de chèvre, artichauts et salade), ou une des spécialités orientales : caviar d'aubergines ou couscous. ✪ *C/Montcada 12 • plan P4 • ferm. lun.*

Bar Lobo
Ce café chic, très populaire pendant la journée, s'anime véritablement le soir. Du jeudi au samedi, le 2e étage devient un club branché avec DJ et piste de danse. ✪ *Pintor Fortuny 3 • plan Q4 • 93 481 53 46 • ferm. pour certaines occasions • AH.*

Madame Jasmine
Ce café décontracté aux meubles chinés aux puces a une atmosphère bohème avec ses chaises et ses tables dépareillées. Croissants délicieux pour le petit déjeuner, copieuses salades à midi et cocktails meurtriers le soir. ✪ *Rambla de Raval 22 • plan K4 • 60 788 04 43.*

Bar Kasparo
Dans ce bar en plein air à l'ambiance chaleureuse, on peut venir manger une cuisine internationale, par exemple une salade grecque ou un curry de poulet. On peut aussi, à l'heure où le soleil se couche, venir simplement pour siroter une bière ou un verre de cidre. ✪ *Pl. Vicenç Martorell 4 • plan L2.*

Tous les noms de plats et de boissons sont en catalan, mais l'équivalent castillan est souvent utilisé.

Café Salambó

7 Ce café-loft très chic accueille les intellos et les branchés du quartier de Gràcia. On y passe l'après-midi en buvant un *café amb llet* fumant, ou en grignotant une salade ou un *entrepans* (sandwichs) (p. 115).

Cafè Salambó, Gràcia

Laie Llibreria Cafè

8 Ce café-librairie dans l'Eixample propose un généreux buffet de riz, pâtes, légumes et poulet, ou un menu végétarien, comprenant soupe, salade et plat principal, à un prix très raisonnable. Ce lieu informel, à toute heure du jour, est une véritable institution dans le quartier (p. 108).

Granja Dulcinea

9 Depuis des décennies, les *xocolateries* et *granjes* de la carrer Petritxol (p. 74) comblent les amateurs de douceurs. Dans ce salon de thé, les délices sont à se damner : *xurros amb xocolata*, fraises à la crème fouettée et, en été, *orxates* et *granissats*. ⊗ C/Petritxol 2 • plan L3 • ferm. à 21h.

El Jardi

10 Ce café en plein air occupe l'angle d'une place gothique située en face de l'hôpital médiéval de Santa Creu. C'est l'endroit idéal pour boire un verre au calme. Orchestre de jazz en été (p. 87).

Boissons

Cafè amb llet

1 C'est le grand café au lait traditionnel du petit déjeuner.

Cafè Sol et Tallat

2 Besoin d'un stimulant ? Goûtez le *café sol*, un petit expresso. Avec une pointe de lait, c'est un *tallat*. En été, prenez-les *amb gel* (glacé).

Cigaló ou carajillo

3 Plus stimulant qu'un expresso, ce café est arrosé d'alcool – cognac, whisky ou rhum, généralement.

Orxata

4 Très rafraîchissante en été, cette boisson laiteuse sucrée au goût d'amande est obtenue à partir du suc des racines de la chufa, une plante.

Granissat

5 La soif ne résiste pas à cette boisson à base de glace pilée mélangée à un jus de citron ou à du café.

Aigua

6 Demandez de l'*aigua amb gas* pour de l'eau minérale pétillante, et *sense gas* pour de l'eau minérale plate.

Cacaolat

7 Les amoureux du chocolat raffoleront de cette boisson chocolatée au lait.

Una canya et una clara

8 *Una canya* correspond à 25 cl de *cervesa de barril* (bière à la pression). *Una clara* est un panaché bière-limonade.

Cava

9 C'est le champagne catalan. Les marques les plus connues sont Freixenet et Cordoníu.

Sangría

10 Tous les cafés de la ville proposent ce mélange de vin rouge, de fruits et d'épices.

Informations sur la cuisine et les restaurants p. 138 et p. 140

Gauche **Cinc Sentis** Droite **Comerç 24**

TOP10 Restaurants et bars à tapas

Cal Pep
Ce bar à tapas traditionnel et plein d'animation sert d'excellents jambons et saucisses, des portions de *truita de patates* (omelette aux pommes de terre), des *marisc* (coquillages) et un assortiment de tapas du jour, en fonction du marché *(p. 79)*.

Noti
Ce restaurant se démarque par rapport à ses confrères privilégiant le style à l'assiette. La décoration est raffinée, mais ne vole pas la vedette à l'exceptionnelle cuisine méditerranéenne et française, préparée avec originalité *(p. 109)*.

El Asador d'Aranda
Perché sur la colline du Tibidabo, le restaurant installé dans une demeure moderniste propose le meilleur de la cuisine castillane. La *pica pica*, mélange de saucisses, poivrons et jambon, est savoureuse. La spécialité du chef est le *lezacho* (agneau de lait) cuit au four à bois *(p. 117)*.

Enseigne en céramique d'un restaurant

Kaiku
Le restaurant, sur le front de mer, prépare la meilleure *paella* de la ville (à base de riz fumé et de fruits de mer). Au menu figure aussi un succulent *arròs del xef* (riz du chef). Les desserts sont excellents. En été, réservez une table sur la terrasse et profitez de la vue et de la délicieuse brise marine *(p. 101)*.

Inopia
Un bar à conseiller à tous les gourmets. La carte revisite les classiques comme les tapas – *croquetas* et *patatas bravas* – préparées avec les meilleurs ingrédients locaux. La salade de thon et de tomates est excellente *(p. 109)*.

Bar Ra
Ce bar-café-restaurant est une oasis fleurie dans El Raval et le meilleur endroit où manger une cuisine bio et exotique. Pour commencer la journée, muesli ou muffins avec jus frais de papayes ou de poires. Midi ou soir, tofu japonais, *ceviche* péruvien (poisson cru mariné au citron) ou poulet à la cubaine avec un chutney de mangue.

Cinc Sentis
Ce restaurant est réputé pour sa cuisine inventive. Le menu, créé par le chef Jordi Aretal, peut s'accompagner de

Paella

Tous les noms de plats et de boissons sont en catalan, mais l'équivalent castillan est souvent utilisé.

vins spécialement choisis.
Le menu du déjeuner, du lundi
au vendredi est d'un excellent
rapport qualité-prix *(p. 109)*.

8 Casa Leopoldo
Ce restaurant familial prépare
une excellente cuisine catalane.
Le poisson et les crustacés sont
la spécialité de la maison : goûtez
les recettes originales de *bacallà*
(morue), *llenguado* (sole) et
gambes (crevettes) p. 87.

9 Bar-restaurante Can Tòmas
Dans le quartier de Sarrià
(Zona Alta), cette adresse bon
marché est bien connue des
amateurs de tapas. Le restaurant
prépare les meilleures *patates
braves* et *patates amb alioli*
de la ville. Demandez le
doble mixta qui vous permettra
de goûter aux deux *(p. 117)*.

Terrasse du Bar Ra

10 Commerç 24
C'est peut-être l'un des
restaurants les plus audacieux
de Barcelone. Son chef Carles
Abellan est très créatif : le menu
qui change constamment
propose une série de *platillos*
(petits plats) d'une extraordinaire
variété de parfums et de textures
– sucettes de caille, glace
aux oursins et foie gras ou noix
de macadamia emballées dans
une feuille d'or, entre autres.

Tapas

1 Patates braves
Des pommes de terre
sautées et nappées d'une
sauce tomate épicée.
Les *patates alioli* sont
à la mayonnaise à l'ail.

2 Calamars
Les amateurs de produits
de la mer apprécieront les
calamars a la romana (frits)
ou *a la planxa* (grillés).

3 Pa amb Tomàquet
Une spécialité catalane :
du pain frotté avec
une tomate et arrosé
d'huile d'olive.

4 Croquetes
Un classique :
des boulettes de béchamel
frites au jambon, au poulet
ou au thon.

5 Musclos o escopinyes
Régalez-vous de fruits
de mer avec les savoureuses
tapas à base de moules
ou de coques.

6 Truita de patates
Cette épaisse omelette
aux pommes de terre,
souvent à l'ail, est la plus
courante des tapas.

7 Ensaladilla russa
La « salade russe »
combine pommes de terre,
oignons, thon (et souvent
petits pois, carottes et autres
légumes) avec une généreuse
dose de mayonnaise.

8 Gambes al'allet
Des crevettes frites
à l'ail et à l'huile d'olive.

9 Pernil Serrà
Les Espagnols adorent
toutes les variétés de jambon
cru. Le meilleur et le plus cher
est le jabugo d'Extremadure.

10 Fuet
Parmi les saucisses
catalanes *(embotits)*,
la *fuet*, sèche et savoureuse,
remporte tous les suffrages.
C'est une spécialité de Vic.

Catégories de prix p. **79**
Informations sur la cuisine et les restaurants p. **138** *et* p. **140**

Elephant

TOP 10 Vie nocturne

1 Elephant
Dans une villa moderniste, à la lueur de bougies et de lampes marocaines, ce night-club chic attire une clientèle jeune et branchée. Le must du club est le jardin où des lits confortables ornés de tissus blancs vaporeux, les fontaines et les statues géantes d'éléphants composent une ambiance exotique. En hiver, la piste de danse extérieure est couverte d'une tente spectaculaire *(p. 116)*.

Decoration, Elephant Club

2 Marsella
La 5e génération des Lamiel perpétue l'ambiance de ce lieu fondé en 1820 au cœur du Barri Xinès *(p. 82)*. Le Marsella est un des rares endroits où l'on peut boire une absinthe *(absenta)*. Installez-vous à une des tables modernistes en fer forgé, entourées de miroirs anciens et de statues religieuses, et méfiez-vous de cette liqueur surnommée la « fée verte » mise en bouteille pour le bar *(p. 86)*.

Sala BeCool

3 Otto Zutz
Une adresse ultrachic, ultrabranchée et fréquentée par les personnalités des médias. Sur trois niveaux, tous les styles musicaux actuels, mixés par la « crème » des DJ *(p. 116.)*

4 Mond Bar
Au cœur de Gràcia, ce minuscule bar branché accueille une clientèle très cool. On y vient pour prendre un verre, fumer et écouter la musique mixée par les DJ : techno, pop, soul et tous les classiques des années 1970 *(p. 116)*.

5 Arena Madre
Cette discothèque gay, aménagée dans un sous-sol, a une atmosphère décontractée. Réputée pour sa *back room*, l'Arena Madre y propose des spectacles de cuir, des strip-teases et des shows comiques. Musique latine et nuit des années 1980 le dimanche.
◉ *Balmes 32* • *93 487 83 42* • *ouv. t.l.j. 12h30-5h30* • *EP* • *AH.*

6 La Terrazza
Installée au cœur du Poble Espanyol *(p. 91)*, la Terrazza est l'une des discothèques d'été les plus appréciées de Barcelone. Le patio se transforme en piste de danse, et les porches font office de bars ◉ *Poble Espanyol, av. Marquès de Comillas* • *plan A3* • *ouv. mai- sept. : jeu.-dim.* • *EP.*

Informations sur les horaires des bars et les boissons p. 138 et p. 140

Sala BeCool

Ce bar branché est devenu un incontournable aujourd'hui dans la vie nocturne de Barcelone. Situé dans un quartier chic de Saint-Gervais, cet espace multifonctionnel propose des concerts et des soirées à thème. Au rez-de-chaussée, des DJ en vue mixent de l'électro, de la techno et de la musique minimale du vendredi au samedi ; à l'étage, on entend les derniers hits indie. Les programmes de la semaine sont indiqués sur le site web *(p. 116)*.

Au Port Olímpic

La Pedrera de Nit

De jour, le toit de la Pedrera *(p. 20-21)*, le célèbre bâtiment onduleux de Gaudí, est magique. De nuit, il est inoubliable ! L'été, de mi-juin à fin juillet, les vendredis et samedis soirs, le toit est ouvert au public pour des soirées avec concert et *cava*. Promenez-vous entre les cheminées illuminées qui brillent dans la nuit, et laissez-vous bercer par un mélange de jazz, de flamenco et de tango.
◈ *C/Provença 261-265 • Plan E2*
• *rés. indispensable au 902 10 12 12*
• *EP • AH.*

Jamboree

Aventurez-vous sous la plaça Reial dans ce club de jazz doublé d'un night-club, réputé, donc très fréquenté. Jazz *live* tous les soirs à partir de 23 h, des DJ prennent ensuite le relais *(p. 77)*.

Jamboree

Razzmatazz

Dans la longue file de bars et de night-clubs qui font de Port Olímpic une immense discothèque, le Razzmattaz est la meilleure boîte de Barcelone. Des groupes du monde entier viennent y jouer. Citons parmi les derniers concerts les Johnsons, les Artic Monkeys ou Róisín Murphy. Les vendredis et samedis soirs, le Razzmattaz est divisé en cinq clubs, chacun doté d'un thème différent. Le club accueille régulièrement des DJ d'envergure internationale comme Jarvis Cocker, Shaun Rider et Peter Smith *(p. 100)*.

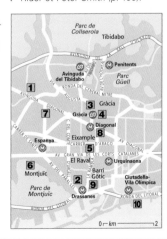

Autres bars et clubs dans la vieille ville **p. 76-77** et **p. 86**

Gauche **Dans un club, Sitges** Droite **Restaurante Castro**

Rendez-vous gays et lesbiens

1 Antinous Llibreria-Cafè

Situé à l'extrémité sud de la Rambla, l'Antinous est un point de rendez-vous gay très fréquenté qui comprend une grande boutique de cadeaux, de livres et de cassettes vidéo, et un petit bar où ont lieu des expositions. La revue gratuite *Nois*, pleine d'infos, y est disponible comme dans beaucoup de bars gays. ✆ C/Josep Anselm Clavé 6 • plan L6 • ferm. dim. • AH.

2 Dietrich Gay Teatro Café

Ce club gay très branché n'accepte pas que les gays. Les murs sont dorés et il y a un jardin intérieur. On y passe de la musique house et *garage*, mais on peut aussi assister à des spectacles de drag-queens, de danseurs et d'acrobates. ✆ Consell de Cent 255 • plan D3.

3 Restaurante Castro

Dans ce restaurant ultrachic, on sert une copieuse cuisine méditerranéenne aux accents exotiques. Le cadre pseudo-industriel noir et métallique est adouci par

un éclairage tamisé et une musique relaxante. Il est indispensable de réserver, car c'est une adresse gay très fréquentée. ✆ C/Casanova 85 • plan D2 • 93 323 67 84 • ferm. sam. midi et dim. • €€€€ • AH.

Une soirée au Free Girls

4 Sauna Galilea

L'établissement impeccablement tenu et réservé aux hommes offre sur 4 niveaux bains turcs, Jacuzzi et saunas, ainsi qu'un bar, un accès Internet et des cabines privées dont certaines avec vidéo. ✆ C/Calàbria 59 • plan C3 • EP.

5 Zeltas

Ce bar-club branché très populaire, parmi les plus torrides de la ville, ressemble à un loft. Un mélange grisant d'hormones mâles et de boissons fortes sur fond de musique house y attire les beautés barcelonaises. ✆ C/Casanova 75 • plan D3 • EP parfois.

Livres, Antinous Llibreria-Cafè

Le *Shangay Express* et le *b-guided* **(p. 134)** disponibles dans les bars, les boutiques et les discothèques, donnent des adresses gays.

6 Martin's
Ce club exclusivement gay (réservé aux hommes le samedi soir) est situé dans la partie supérieure du passeig de Gràcia. Sur trois étages, il comprend une immense piste de danse, plusieurs bars et une *back room*. ◎ *Pg de Gràcia • plan E1 • EP.*

7 Metro
Ici, il y a deux pistes de danse. La première vibre au son de la house, la deuxième possède un billard et est bien plus tranquille. Le club s'anime vers 2 h du matin. Des entrées gratuites au restaurant gay Dietrich, à côté. ◎ *C/Sepúlveda 185 • plan J1 • EP • AH.*

8 Free Girls
Ce club, un classique des nuits lesbiennes, est réputé pour sa musique dance et ses très belles filles. Le décor glacial n'empêche pas les rencontres. Entrée réservée aux femmes. ◎ *C/Marià Cubí 4 • plan E1 • EP parfois • ferm. lun.-mer.*

9 Punto BCN
Ce bar accueillant et décontracté est à la mode depuis plusieurs années malgré l'inconstance du milieu gay. Le week-end vers minuit, il est bondé et la musique est assourdissante, mais c'est un bon endroit où commencer sa soirée, car ici tout le monde sait ce qui se passe en ville. ◎ *C/Muntaner 63 • plan D3 • AH.*

10 Plages
L'été, les gays se retrouvent sur la plage de la Barceloneta, près de la plaça del Mar, devant le Club de Natació Barcelona. Au programme : soleil et frime. La plage de Marbella est aussi populaire. ◎ *Plan E6.*

Rendez-vous gays à Sitges

1 XXL
Pour les branchés. Joli décor, bon choix de boissons et techno. ◎ *C/Joan Tarrida 7.*

2 Parrots
Un classique : les serveurs sont des drag-queens. Jolie terrasse. ◎ *Plaça Industrial 2.*

3 El Mediterráneo
La déco originale des différents espaces de ce bar vaut le détour. ◎ *C/Sant Bonaventura 6.*

4 Trailer
On fait toujours des rencontres sympathiques dans le plus ancien club de Sitges. ◎ *C/Àngel Vidal 36 • EP.*

5 Organic
Un nouveau club gay, fréquenté par le monde de la mode. ◎ *C/Bonaire 15 • EP.*

6 Plages
Les gays se retrouvent sur la plage située devant l'hôtel Calipolis, au centre de Sitges, et sur la plage nudiste située sur la route de Vilanova.

7 Drague nocturne
Le front de mer juste après l'hôtel Calipolis est un des lieux les plus animés, à partir de 3 h.

8 Miami
Des prix serrés et une ambiance chaleureuse font le succès de ce restaurant. ◎ *C/Sant Pau 11 • 93 894 02 06.*

9 Privilege
Ce nouveau bar gay propose des thèmes différents chaque soir. ◎ *C/de Bonnaire 24.*

10 El Hotel Romàntic
Un hôtel sans prétention dans lequel les gays sont les bienvenus. Joli jardin. ◎ *C/Sant Isidre 33 • 93 894 83 75 • www.hotelromantic.com*

Gauche **Sacs à main, avinguda Diagonal** Droite **Vitrine, passeig de Gràcia**

Où faire du shopping

1 Passeig de Gràcia
Cette grande avenue bordée de beaux immeubles modernistes accueille évidemment les plus belles boutiques de mode et de design. Enseignes internationales (Chanel, Gucci, Swatch) et grandes marques espagnoles (Loewe, Camper, Zara, Mango, *p. 139*), elles y sont toutes. Vinçon, la meilleure boutique de design de la ville, se trouve aussi ici. La carrer Mallorca, la carrer València, la carrer Rosselló et la carrer Consell de Cent, bordée de galeries d'art, proposent des boutiques tout aussi sublimes. Ⓢ *Plan E3.*

2 Bulevard Rosa et bulevard dels Antiquaris

Ouvert en 1978, le bulevard Rosa fut la première galerie commerciale de la ville. Elle est toujours ultrachic et compte plus de 100 boutiques de mode, chaussures et accessoires de créateurs espagnols et étrangers. À côté, le bulevard dels Antiquaris est une vaste galerie qui abrite une soixantaine de boutiques d'art et d'antiquités. Ⓢ *Bulevard Rosa, pg de Gràcia 53 • plan E2 • ouv. lun.-sam. 10h30-21h* Ⓢ *bulevard dels Antiquaris, pg de Gràcia 55-57 • plan E2 • ouv. lun.-sam. 10h-20h30.*

3 Plaça de Catalunya et carrer Pelai
La trépidante plaça de Catalunya, au centre des activités de la ville, est un bon endroit pour faire du shopping. Le grand magasin El Corte Inglés et la galerie commerciale El Triangle, qui abrite une Fnac et une parfumerie Sephora, s'y trouvent. À côté, la carrer Pelai, bordée de boutiques de chaussures et de vêtements, est l'artère piétonnière la plus fréquentée du pays. Ⓢ *El Corte Inglés, pl. de Catalunya 14 • plan M1 • ouv. lun.-sam. 10h-22h* Ⓢ *El Triangle, C/Pelai 39 • plan L1 • ouv. lun.-sam. 10h-22h.*

4 Portal de l'Àngel
Une foule de passants chargés de sacs se presse dans cette artère piétonnière qui, à l'époque romaine, conduisait à l'enceinte de la ville. Magasins de chaussures, de vêtements, de bijoux et d'accessoires s'y succèdent. Ⓢ *Plan M2.*

La foule des acheteurs, portal de l'Àngel

5 Rambla de Catalunya

Ce prolongement plus calme, plus soigné et plus bourgeois de la Rambla s'étend de la plaça de Catalunya à l'avinguda Diagonal. L'endroit est bordé de cafés et de boutiques chic dans lesquelles on trouve des articles de luxe très divers. ◈ Plan E2.

Vitrine, carrer Portaferrissa

6 Avinguda Diagonal

Cette grande avenue commerçante traverse toute la ville, en diagonale bien sûr. Toujours encombrée de voitures, elle est très bruyante. La plupart des magasins sont situés à l'ouest du passeig de Gràcia. Dans cette partie s'alignent les boutiques de luxe : chausseurs, prêt-à-porter (Armani, Loewe et Hugo Boss), bijoutiers, horlogers, design, etc. Au niveau de la plaça Maria Cristina se trouvent la galerie commerciale L'Illa et un grand magasin El Corte Inglés. ◈ Plan D1.

7 Carrer Portaferrissa

Chaussures à plate-forme, anneaux de nombril, mini tee-shirts, cette rue pourrait s'appeler la « carrer Tendance ». El Mercadillo (p. 75) est une minuscule galerie commerciale pleine de boutiques branchées proposant ceintures cloutées, lunettes de soleil, vêtements de surf, etc. À proximité, les Galeries Maldà, un des premiers centres commerciaux ouverts à Barcelone, abritent des boutiques et un cinéma qui programme des films indépendants et de Bollywood en VO (p. 67). ◈ Galeries Maldà, pl. del Pi • plan M3 • ouv. lun.-sam. 10h-13h30 et 16h-20h.

8 Gràcia

Librairies anciennes, botigues de comestibles (épiceries) et boutiques de vêtements et d'objets indiens se succèdent sur la carrer Astúries et la travessera de Gràcia. La carrer Gran de Gràcia abrite des boutiques de mode plus modernes. ◈ Plan F1.

9 El Born

Dans le quartier d'El Born sont installées de nombreuses galeries d'art et de design. Le passeig del Born et la carrer Rec abritent des galeries avant-gardistes de sculpture, de design, et des boutiques de vêtements et de chaussures. ◈ Plan P4.

10 La Maquinista

Aménagé dans une ancienne usine de locomotives dans le barri de Sant Andreu, c'est l'un des plus grands centres commerciaux de Barcelone. Plus de 200 boutiques, un cinéma multiplex et un bowling sont regroupés sur un seul étage. ◈ Pg de Potosí 2, 4 km à l'E. du centre • hors plan • ouv. lun.-sam. 10h-22h.

Informations sur le shopping et les heures d'ouverture des magasins p. 139

Fruits et légumes, mercat de Santa Caterina

🔟 Marchés

1 Mercat de la Boqueria

Le plus connu des marchés d'alimentation de Barcelone se trouve le long de la Rambla *(p. 12-13)*. La fraîcheur et le choix règnent sur les centaines d'étals proposant toute sorte de produits : tomates en grappe, quartiers de bœuf, moelleuses portions de *manchego* (fromage au lait de brebis). Admirez les étals des poissonniers, la mer est toute proche ! ◈ *La Rambla 91 • plan L3 • lun.-sam. 7h-20h.*

2 Els Encants

Vous trouverez ce que vous cherchez au meilleur marché aux puces de Barcelone, à l'est de la ville : fripes, meubles, jouets, appareils électriques, céramiques artisanales, livres d'occasion, etc. Le chineur averti pourra garnir sa cuisine de casseroles, mais il faut venir tôt. Il est question que le marché déménage dans un autre quartier de Barcelone. ◈ *Pl. de les Glòries Catalanes • plan H3 • lun., mer., ven. et sam. 8h-17h30.*

3 Fira de Santa Llúcia

À l'approche de Noël, les artisans barcelonais ouvrent des stands sur la place de la cathédrale. Ce marché vaut le détour, ne serait-ce que pour voir les rangées de petits *caganers,* figurines accroupies pour *fer caca.* On cache ces petits personnages traditionnels catalans au fond de la crèche. Cette coutume scatologique se retrouve dans d'autres traditions de Noël. ◈ *Pl. de la Seu • plan N3 • t.l.j. 1er-23 déc. 10h-20h (horaires variables).*

4 Mercat de Sant Antoni, marché aux livres et aux pièces de monnaie

Pour les amoureux des livres, la meilleure façon d'occuper le dimanche matin est de flâner dans ce marché situé à l'ouest de la ville, où l'on trouve, pêle-mêle, livres de poche écornés, livres anciens, piles de vieux magazines, BD, cartes postales, mais aussi des pièces

Fira de Santa Llúcia, plaça de la Seu

de monnaie et des cassettes vidéo.
🕲 *C/Comte d'Urgell* • *plan D2* • *dim. 8h-15h.*

5 Fira artesana, plaça del Pi

Pendant la Fira artesana, les producteurs locaux installent leurs étals de produits fermiers

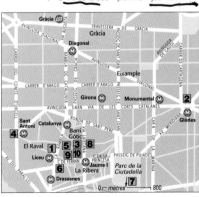
Fromages, Fira artesana, plaça del Pi

et bios sur la plaça del Pi *(p. 37)*, dans le Barri Gòtic. Goûtez les spécialités – fromage et miels (du miel blond de trèfle pyrénéen au miel aux fruits secs de Morella). 🕲 *Pl. del Pi* • *plan M3* • *1er et 3e ven., sam. et dim. du mois, 10h-14h et 17h-19h.*

6 Fira de Filatelia i Numismàtica

Ce marché aux timbres et aux pièces de monnaie, qui se tient plaça Reial *(p. 72)*, attire les passionnés de toute la ville. On y trouve aussi des cartes téléphoniques et des *xapes de cava* (capsules de bouchons de *cava*). À la fin du marché, quand la police part déjeuner, un vide-grenier improvisé prend le relais – vieilles lampes, fripes, etc. 🕲 *Pl. Reial* • *plan L4* • *dim. 9h30-14h30.*

7 Mercat de Barceloneta

Sur une chaleureuse place, le marché couvert de Barceloneta compte de nombreux étals et deux très bons restaurants dont le Lluçanès, étoilé au Michelin. 🕲 *Pl. Font 1, Barceloneta* • *plan F6* • *lun. et sam. 7h30-15h (et 17h-20h30 mar.-jeu.), ven. 7h-20h30.*

8 Mercat de Santa Caterina ✕

Chaque *barri* a son propre marché aux étals alléchants, mais celui-ci est placé dans un spectaculaire building construit par l'architecte catalan Enric Miralles (1955-2000). 🕲 *Av Francesc Cambò 16* • *plan N3* • *lun. 8h-14h ; mar., mer. et sam. 8h-15h30 ; jeu. et ven. 8h-20h30.*

9 Mercat del Art de la plaça de Sant Josep Oriol

Le week-end, les peintres barcelonais viennent sur cette place du Barri Gòtic vendre leurs œuvres. Le choix est vaste, des paysages catalans à l'aquarelle aux peintures d'églises et de châteaux. 🕲 *Pl. de Sant Josep Oriol* • *plan M4* • *sam. 11h-20h30 et dim. 10h-14h.*

10 Mercat dels Antiquaris ✕

Passionnés et collectionneurs cherchent leur bonheur parmi le bric-à-brac de bijoux, montres, bougeoirs, plateaux argentés et broderies anciennes de ce marché aux antiquités situé sur la place de la cathédrale.
🕲 *Pl. de la Seu* • *plan N3* • *jeu. 10h-21h.*

Autres quartiers où faire du shopping **p. 50-51**

Gauche **Vue depuis le mirador de Colom** Droite **Vue depuis la Sagrada Família**

TOP10 Vues sur la ville

1 Tibidabo

C'est de cette colline qu'on a la plus belle vue sur Barcelone. Les amateurs de sensations fortes en profiteront pour faire un détour par le parc d'attractions (p. 111) et tester la Atalaya, une nacelle attachée à une sorte de grue de laquelle on voit la ville, la mer et les Pyrénées. Autre possibilité moins vertigineuse : la montée (288 m) dans l'ascenseur extérieur en verre de la torre de Collserola (p. 111). Ceux qui préfèrent la terre ferme – et prendre un verre – opteront pour le bar Mirablau (p. 116).

2 Castell de Montjuïc

La colline de Montjuïc offre plusieurs points de vue. C'est des jardins du château (p. 89) que la perspective sur le port et la ville est la plus belle. Vous pouvez y monter par le téléphérique, puis redescendre en profitant du panorama et prendre un verre au café Font del Gat.

Barcelona du castell de Montjuïc

3 Les golondrines et Orsom Catamaran

Depuis la mer, le paysage urbain paraît moins vertigineux. Que ce soit à bord d'un bateau-mouche appelé *golondrine* ou bien sur un immense catamaran à voile pour des sensations plus fortes, vous découvrirez la ville et les alentours du nouveau Port Olímpic d'une manière originale (p. 133). ◉ *Les Golondrines, portal de la Pau • plan L6 • horaires au 93 442 31 06* ◉ *Orsom Catamaran, Moll les Drassanes • plan L6 • ouv. mars-oct. : t.l.j. 12h-20h • horaires au 93 441 05 37.*

4 Téléphérique

Les télécabines qui se balancent doucement entre le port et Montjuïc font presque partie des monuments. On peut ainsi découvrir des aspects cachés de la ville. C'est aussi un moyen agréable de se rendre de la vieille ville à Montjuïc (p. 133). Abstenez-vous si vous avez le vertige. ◉ *Miramar, Montjuïc/ port de Barcelona • plan C5, D6 et E6 • ouv. avr.-mai et oct. : t.l.j. 10h-19h ; juin-sept. : t.l.j. 10h-19h ; nov.-mars : t.l.j. 10h-18h • EP.*

5 Monument a Colom

Au bout de la Rambla, la statue de Christophe Colomb offre un beau point de vue sur la ville. Cette colonne de 80 m a été élevée en 1888 (p. 12). Un ascenseur mène au sommet. ◉ *La Rambla/Drassanes • plan L6 • ouv. mai-oct. : t.l.j. 9h-20h30 ; nov.-avr. : t.l.j. 10h-18h30 • EP.*

Sagrada Família

6 Quand les travaux ont commencé, l'incroyable église conçue par Gaudí se trouvait à l'extérieur de la ville et Barcelone n'était alors qu'une tache lointaine. Cent ans plus tard, l'église se dresse au beau milieu du quartier de l'Eixample et, de ses tours, la vue sur l'église et sur la ville est extraordinaire *(p. 8-11)*.

Vue sur Barcelone et la casa-museu Gaudí, parc Güell

El Corte Inglés ✔ CDs

7 Situés au dernier étage du magasin *(p. 139)*, la cafétéria aux grandes baies vitrées et le restaurant sont deux lieux idéaux pour déjeuner ou prendre un café. De là, la vue plonge sur la plaça de Catalunya, la vieille ville et l'Eixample. ◉ *Pl. de Catalunya 14 • plan M1 • EG • AH.*

Parc Güell

8 Au nord de la ville, les zones en terrasse de l'extraordinaire parc moderniste dessiné par Gaudí offrent des vues spectaculaires sur Barcelone et la Méditerranée. Et les arbres apportent une ombre bienvenue sous le soleil espagnol, souvent ardentes été *(p. 112)*.

Cathédrale

9 Au cœur du Barri Gòtic, le toit de la cathédrale permet de découvrir la partie de Barcelone qui a le moins changé avec le temps. On peut observer l'enchevêtrement de vieux toits (certains sont très anciens et datent du XIIe s.) et des ruelles étroites qui suivent un tracé médiéval dans tous les sens. Offrez-vous la montée en ascenseur, vous ne le regretterez pas et cela ne vous coûtera pas cher *(p. 14-15)*.

Tour en hélicoptère

10 Découvrir Barcelone vu du ciel, en faisant un tour en hélicoptère est une belle expérience. Cat Helicopters propose un survol de 5 à 35 minutes de Barcelone, jusqu'à Montserrat. Le survol du port (durée 5 minutes) coûte 45 € (cinq personnes maximum par vol). ◉ *Moll Adossa • plan D6 • Rens. 93 224 07 10 ou www.cathelicopters.com pour plus d'informations • EP.*

0 ⊢ km ⊣ 1

Gauche **Plage de la Barceloneta** Droite **Parc de Joan Miró**

10 Parcs et plages

1 Parc de la Ciutadella
Construit au XIXe s. sur l'emplacement d'une citadelle (XVIIIe s.), le plus grand parc paysager de Barcelone est un antidote à l'agitation de la ville. Le Parlement catalan, deux musées, un zoo, deux serres et un lac où l'on peut canoter s'y trouvent. Un joli café près du castell dels Tres Dragons permet de faire une pause (*p. 16-17*).

2 Parc Güell
Conçu pour être une ville-jardin au nord de la ville, ce parc en terrasses devait abriter des villas et des édifices publics mais, faute de moyens, le projet a été abandonné. Sentiers serpentant à flanc de colline, grottes, forêt de colonnes, l'architecture imaginative de Gaudí se fond parfaitement dans la végétation. Au centre, une esplanade

Fontaine, parc de la Ciutadella

entourée d'un long banc ondulant décoré de mosaïques offre une vue spectaculaire *(p. 55)* sur Barcelone et sur les pavillons féeriques de l'entrée. L'ancienne résidence de Gaudí abrite aujourd'hui un musée, la casa-museu Gaudí *(p. 112)*.

3 Jardins del Laberint d'Horta
Ces jardins néoclassiques datent de 1791. Aménagés sur les hauteurs, l'air y est plus pur et plus frais. Ils abritent des petits jardins à thème, des cascades, un canal et un immense labyrinthe au centre duquel se dresse une statue d'Éros *(p. 113)*.

4 Parc de Cervantes
Inauguré en 1964 pour célébrer les 25 ans de Franco au pouvoir, ce très beau parc à la périphérie de Barcelone abrite 245 variétés de roses et plus de 11 000 buissons qui embaument à la floraison. Ce « parc des roses » est très fréquenté le week-end, mais désert en semaine.
◈ *Av. Diagonal • hors plan.*

5 Jardins de Pedralbes
Ces pittoresques jardins s'étendent devant l'ancien palais royal de Pedralbes *(p. 112)* qui abrite aujourd'hui le museu de Ceràmica et le museu de les Artes decoratives. À l'ombre d'un immense eucalyptus et près d'un bosquet de bambous, vous pourrez voir une fontaine

Les parcs de la ville sont officiellement ouverts de 10 h au crépuscule.

dessinée par Gaudí et redécouverte en 1983. ✎ *Av. Diagonal 686 • hors plan.*

6 Parc de Joan Miró

Ce parc occupe l'emplacement d'un abattoir (*escorxador* en catalan) du XIXᵉ s. d'où son nom officiel : parc de l'Escorxador. Aménagé sur deux niveaux, la partie supérieure est

Parc de l'Espanya Industrial

dominée par une remarquable statue de Miró, *Dona i Ocell (Femme et Oiseau*, 1983). En bas, trois aires de jeux entourent un café. ✎ *C/Tarragona • plan B2.*

7 Parc de l'Espanya industrial

Aménagé sur le site d'une ancienne usine textile, ce parc moderne conçu par l'architecte basque Luis Peña Ganchegui a un peu vieilli depuis son ouverture en 1985, mais conserve un certain charme. Dix étranges tours-phares bordent le lac sur lequel on peut canoter, et une énorme sculpture-dragon sert de toboggan. Le bar-terrasse est agréable et dispose d'une aire de jeux pour les enfants. ✎ *Pl. de Joan Peiró • hors plan.*

8 Plages

Longtemps insalubre, le quartier du bord de mer a été réaménagé pour les JO de 1992. Aujourd'hui, on peut piquer une tête dans la Méditerranée à seulement quelques stations de métro du centre. Les plages de la Barceloneta et du Port Olímpic attirent les foules. Elles sont nettoyées et équipées de douches, de toilettes, d'aires de

jeux et de filets de volley. On peut aussi y louer des bateaux et des planches de surf. Mais attention aux vols à l'arraché (*p. 97*).

9 Castelldefels

À 20 km au sud de Barcelone s'étirent 5 km de plages de sable où l'eau est peu profonde. Le weekend, les amoureux du soleil s'allongent, puis vont s'attabler aux bars de la plage pour savourer poissons, fruits de mer, tapas et sangria On peut louer des pédalos et des planches à voile. ✎ *Hors plan • trains à partir de l'estació de Sants ou du passeig de Gràcia pour la platja de Castelldefels.*

10 Premià et El Masnou

Eaux cristallines et sable doré à 20 km au nord de la ville, donc facilement accessibles, ces deux plages sont sans aucun doute les plus belles des environs de Barcelone. ✎ *Hors plan • trains à partir de l'estació de Sants ou de la plaça de Catalunya pour Premià ou El Masnou.*

Vous pouvez vous promener en vélo dans les parcs. Informations sur les locations de vélo **p. 131** *et* **p. 133**

Gauche **La Rambla** Droite **Cycliste, passeig Marítim**

⑩ À pied et à vélo

1 La Rambla et le port
De la plaça de Catalunya, descendez en flânant la Rambla, l'artère la plus célèbre de la ville *(p. 12-13)*, en profitant au passage des spectacles de rue. Une fois au port, prenez à gauche et admirez les yatchs en suivant le front de mer jusqu'à Barceloneta. Prenez le passeig Joan de Borbó puis, pour aller à la plage, n'importe quelle rue à gauche. ◎ *Plan M1.*

2 Barri Gòtic
La meilleure façon de découvrir la vieille ville est de suivre ses ruelles. De la Rambla, prenez la carrer Portaferrissa *(p. 51)* puis, à droite, la carrer Petritxol *(p. 74)* bordée de bijoutiers et de pâtisseries. Arrivé à l'església Santa Maria del Pi, prenez la carrer Rauric et montez la carrer Ferran, sur la gauche, jusqu'à la plaça de Sant Jaume *(p. 71)*. Tournez à gauche dans la carrer Bisbe et continuez jusqu'à la plaça de la Seu et la cathédrale *(p. 14-15)*. ◎ *Plan L3.*

3 Eixample
Pour admirez quelques chef-d'œuvres modernistes, suivez le passeig de Gràcia du sud vers le nord : vous passerez devant les bâtiments de la Mansana de la Discòrdia *(p. 103)* et devant la Pedrera *(p. 20-21)*. Revenez sur vos pas et tournez à gauche dans la carrer Mallorca qui mène à la Sagrada Família *(p. 8-11)*. La carrer Marina, sur votre gauche, longe la façade de la Nativité. Remontez ensuite l'avinguda Gaudí jusqu'à l'hospital de la Santa Creu i de Sant Pau *(p. 103)*. ◎ *Plan E3.*

4 Tibidabo
Atteignez les hauteurs de la ville en montant la pente douce de l'avinguda del Tibidabo depuis la station FGC du même nom. Suivez les panneaux sur votre droite à travers le parc boisé Font del Racó jusqu'à la plaça Doctor Andreu. Choisissez une terrasse et admirez la vue panoramique. ◎ *Plan B1.*

Parc de Collserola

Le CCCB (p. 28-29) propose quelques visites guidées à pied. Informations sur les visites à pied **p. 133**

Montjuïc
5 Promenez-vous sur la colline de Montjuïc et profitez de la verdure. Une série d'escalators au départ de la plaça d'Espanya facilite la première montée jusqu'au grandiose Palau nacional *(p. 18-19)*. De là, poursuivez votre chemin sur la gauche, puis faites une pause dans les jardins Mossèn Jacint Verdaguer *(p. 94)* avant de continuer le long de l'avinguda Miramar d'où la vue est spectaculaire. ◐ Plan B3.

Ruelle, Barri Gòtic

Parc de Collserola
6 Cette paisible réserve naturelle n'est qu'à 10 min de route de Barcelone. Pour explorer à pied ou à VTT ses sentiers de randonnée, prenez le funiculaire jusqu'au sommet du Tibidabo, puis suivez les chemins balisés qui, à travers la forêt, mènent à la torre de Collserola *(p. 111)*. À l'entrée du parc, un centre d'information distribue des cartes. ◐ Carretera de Vallvidrera à Sant Cugat, km 4,7 • plan B1.

Bord de mer
7 Pédalez tranquillement le long de la côte sur la piste cyclable qui, du bas de la Rambla, longe le bord de mer jusqu'au Port Olímpic. Terminez votre promenade à la platja de la Mar Bella. ◐ Plan B3.

Avinguda Diagonal
8 L'avenue la plus chic de Barcelone est équipée sur toute sa longueur d'une piste cyclable bordée d'arbres. Partez de Pedralbes (au niveau de la station de métro Zona Universitària) et traversez toute la ville jusqu'au nouveau quartier de Diagonal Mar, et terminez au niveau de la station de métro Besòs. ◐ Plan A1.

Les Planes
9 Au départ de la plaça de Catalunya (direction Sant Cugat), 15 min de *ferrocaril* suffisent pour se rendre à Baixador de Valvidrera, un endroit idéal pour se promener en dehors de la ville. Un sentier s'enfonce dans les bois et débouche sur une belle vallée. L'été, on y installe des barbecues. ◐ 4 km au N de Barcelone.

Costa Brava
10 Un superbe sentier part de l'extrémité de la platja de Sant Pol, à Sant Feliu de Guíxols, vers le nord. Longez la côte à l'ombre des tamariniers en profitant de la vue sur les criques rocheuses et la mer. Arrivé à la pointe, descendez les marches jusqu'à la fabuleuse plage de Sa Conca, élue 6e plus belle plage d'Espagne. ◐ 75 km au NE de Barcelone.

Barcelona Bici, mirador de Colom (tél. 93 285 38 32) loue des vélos. Informations sur les locations de vélos p. 131 et p. 133

Gauche **Piscine en plein air Bernat Picornell** Droite **Bain de soleil, platja de la Barceloneta**

📇10 Que faire à Barcelone

1 Bains de soleil et de mer

Échappez à la canicule et plongez dans les eaux bleues de la Méditerranée. Barcelone possède de superbes plages *(p. 57)*, de celles de la Barceloneta, bordées de bars et de restaurants, à celles du Port Olímpic, de Bogatell et de Mar Bella, toutes gagnées sur la mer. ◎ *Plan F6-H6.*

2 Sports nautiques

Rejoignez la jet-set au Port Olímpic où vous pourrez pratiquer divers sports nautiques, faire de la planche à voile ou du canot pneumatique. L'escola municipal de vela loue des bateaux et propose des cours aux débutants. Desconnecta organise, de nuit, un tour des plages en kayak. ◎ *Escola municipal de vela • moll de Gregal • plan G6 • 93 225 79 40 • ouv. t.l.j. 9h30-20h* ◎ *Desconnecta • c/Ticia 42 • 93 417 93 62 • www.desconnecta.com*

Volleyball, Platja de Nova Icària

3 Natation

La superbe piscine en plein air Bernat Picornell, au beau milieu de la verdure du Montjuïc, n'est pas prise d'assaut l'été, les Barcelonais semblant préférer les plages. Rénovée pour les JO, on y trouve chaises longues, stand de glaces ou encore chronomètre géant pour minuter son 50 m. L'été, des projections de cinéma en plein air y ont lieu, appelées « watch and swim ». ◎ *Av. del Estadi • plan A4 • ouv. lun.-ven. 7h-minuit, sam. 7h-21h, dim. 7h-20h30 (16h en hiver) • EP • AH.*

4 Golf

La Costa Brava devient une des destinations les plus prisées en Espagne pour faire du golf. Ceux qui souhaitent pratiquer en ville opteront pour les *pitch & putt* de Badalona et de Castelldefels. ◎ *Castell de Godmar, Badalona, 5 km au NE de Barcelone • 93 395 27 79 • ouv. t.l.j. 8h30-crépuscule* ◎ *Canal Olímpic, Castelldefels, 20 km au S de Barcelone • 93 636 28 96 • ouv. mar.-sam. 9h-21h (dim. 9h-20h).*

5 Beach volley

Toute l'année, les samedis et dimanches matins, des parties de volley ont lieu sur la platja de la Nova Icària. ◎ *Plan H5.*

6 Musculation

Le centre sportif du parc de l'Espanya industrial *(p. 57)* est doté d'une excellente salle de musculation, d'un sauna, d'un hammam, d'un Jacuzzi, de courts de badminton et d'une piscine. Forfait à la journée. ◎ *C/Muntades • hors plan • 93 426 10 70 • ouv. lun.-ven. 6h-23h, sam. 8h-21h, dim. 8h-14h30.*

7 Vélo
Louez un vélo ou un VTT chez Barcelona Biking et prenez l'air autour de Barcelone.
Ⓢ *Barcelona Biking • Baixada de Sant Miquel 6 • 65 635 63 00.*

8 Billard
Des tables de billard se trouvent à l'étage du cafè Salambò *(p. 115)* dans le quartier de Gràcia. Vous pourrez aussi y prendre un verre ou manger (la cuisine est délicieuse) en compagnie d'une clientèle plutôt intello et branchée, le tout dans une ambiance sympathique.

9 Sardanes
Partout dans la ville et lors de la plupart des fêtes locales, on danse la sardane *(p. 65).* Cette danse traditionnelle peut inclure jusqu'à 200 personnes, alors pourquoi pas vous ? Pour tout savoir, contactez l'office de tourisme *(p. 134).*

10 Frontó
Il suffit d'une raquette de tennis et d'une balle à renvoyer contre un mur pour apprécier ce passe-temps populaire. On trouve de nombreux *frontó* gratuits dans les parcs, dont un excellent à côté de la casa del Mig dans le parc de l'Espanya industrial *(p. 57).*

Vélo à Barcelone

Événements sportifs

1 FC Barcelona (football)
Les billets pour voir cette équipe star sont difficiles à obtenir. Réservation par téléphone ou Internet.
Ⓢ *Sept.-juin • 93 496 36 00/902 • www.fcbarcelona.com*

2 RCD Espanyol
Il est plus facile de trouver des billets pour voir cette équipe de 1re division qui joue à l'Estadi olímpic *(p. 90).*
Ⓢ *Sept.-juin • 90 219 62 59.*

3 FC Barcelona (basket-ball)
Le basket vient juste après le football dans le cœur des Barcelonais. L'équipe de la ville joue au palau Blaugrana.
Ⓢ *Sept.-mai • 90 218 99 00.*

4 Barcelona Marató
Le marathon qui traverse toute la ville se termine à la plaça d'Espagna.
Ⓢ *Début mars • 90 243 17 63.*

5 Barcelona Open
Un tournoi de tennis de haut niveau. Ⓢ *Mi-avr.-fin avr. • 93 203 78 52.*

6 Cursa El Corte Inglés
Une course à pied de 11 km. Ⓢ *Mai ou juin • 90 112 21 22.*

7 La Volta ciclista de Catalunya
Cette course-test prépare les cyclistes pour les épreuves les plus exigeantes.
Ⓢ *Fin mai • 93 431 82 98.*

8 Montmeló
Ce circuit accueille de grandes courses automobiles. Ⓢ *Avr.-mai • 93 571 97 71 • www.circuitcat.com*

9 Cursa La Mercè
Une course de 10 km à travers le centre de Barcelone. Ⓢ *Fin sept. • 010*

10 Catalunya Rally
Un rallye de haut niveau dans un cadre magnifique.
Ⓢ *Oct. • www.rallyrac.com*

Barcelone et ses environs à pied et à vélo **p. 58-59**

Gauche **Plage du Port Olímpic** Droite **Pingouins, Parc Zoològic**

Avec des enfants

Parc d'attraccions del Tibidabo
La seule fête foraine de Barcelone comporte entre autres attractions une maison hantée, une grande roue, le museu dels Autòmates *(p. 41)* et un bon spectacle de marionnettes. On y trouve aussi des aires de pique-nique et de jeux, et quantité de bars et restaurants *(p. 111)*.

Parc zoològic
Il offre aux animaux de bonnes conditions de vie. Les enfants adoreront le spectacle de dauphins et se déchaîneront dans l'immense parc d'aventures. La ferme permet aux plus petits de caresser chèvres et lapins *(p. 16)*.

Museu marítim
Situé dans les anciens chantiers navals, les Drassanes reials, ce fantastique musée donne un aperçu de l'histoire maritime de Barcelone avec des cartes anciennes indiquant les mers infestées de monstres marins, des bateaux de pêche restaurés et de superbes figures de proue. La reconstitution d'une galère espagnole du XVIe s., avec des effets son et lumière, émerveillera les marins en herbe *(p. 81)*.

Aquàrium
Cet aquarium, l'un des plus grands d'Europe réunit près de 400 espèces dans 21 immenses bassins. L'Oceanari est un tunnel transparent à l'intérieur duquel vous pourrez regarder droit dans les yeux Drake, Morgan et Maverick, d'énormes requins gris nageant dans 4,5 millions de litres d'eau *(p. 97)*.

Jardins del Laberint d'Horta
L'attrait majeur de ce parc est son immense labyrinthe végétal à l'intérieur duquel les enfants peuvent revivre les aventures

Au Parc zoològic

d'Alice au pays des merveilles.
L'absence de Chapelier fou
est compensée par la très grande
aire de jeux équipée d'un bar
avec terrasse. Attention,
ce parc est très fréquenté
le dimanche *(p. 113)*.

6 Téléphérique de Montjuïc

Si vous visitez Barcelone
avec des enfants,
préférez ce petit
téléphérique à celui,
vertigineux, qui part
du port *(p. 54)*. Autre
avantage : vous arrivez
au castell de Montjuïc
(p. 89) dans les jardins
duquel les enfants
pourront grimper sur
les canons. ◊ *Parc de
Montjuïc • plan C5 • ouv. nov.-
mars : t.l.j. 10h-18h ;
avr., mai, oct. : t.l.j. 10h-19h,
juin-sept. : t.l.j. 10h-19h • EP.*

Statue vivante,
La Rambla

7 La Rambla

Dur pour les épaules de
porter un enfant au-dessus de la
foule tout le long de la principale
artère de Barcelone ! Mais les
cracheurs de feu, les musiciens
ambulants et les statues vivantes
de déesses grecques ou héros
de bande dessinée amuseront
sans aucun doute vos enfants.
En échange d'une pièce dans le
chapeau, la statue
remerciera d'un geste
ou, pour les enfants,
d'une sucette
(p. 12-13).

8 Plages

Sur les plages
(platjes) de Barcelone,
les petits pourront
patauger dans l'eau,
se rouler dans le
sable et s'amuser
sur les aires de jeux ;

celles de Port Vell et du Port
Olímpic sont particulièrement
bien équipées. Si vous avez faim
ou soif, sachez que les plages
sont bordées de nombreux
bars et restaurants *(p. 97)*.

9 Bateaux

Les plus grands
monteront à bord des
golondrines (p. 133) qui
partent régulièrement
du port pour une
excursion en mer.
Les plus jeunes
préféreront probablement
canoter sur le lac du parc
de la Ciutadella *(p. 16-17)*.

10 Museu d'Història de Catalunya

Nul besoin d'être
espagnol ou même
catalan pour être captivé
par ce musée qui retrace
toute l'histoire
mouvementée de la
Catalogne. Les expositions très
ludiques et interactives plairont
aux enfants. Ils pourront, par
exemple, se déguiser en chevalier
et se lancer au galop sur un
cheval de bois. Pendant une
heure le samedi, les enfants
peuvent également assister à un
spectacle des légendes catalanes
mises en scène, ou parfois à
d'autres activités ludiques *(p. 97)*.

Festes de la Mercè

TOP 10 Fêtes et traditions catalanes

1 Festes de la Mercè
Pendant toute une semaine, Barcelone fête à grand bruit la Vierge de la Mercè *(p. 39)*, sainte patronne de la ville. Des feux d'artifice, des concerts en plein air, des défilés de *gegants* (des géants en bois) et de dragons ont lieu. À la fin de la semaine, il n'y a plus une seule bouteille de *cava* pleine dans toute la ville ! ◈ *Sem. du 23 sept.*

Gegants, Festes de la Mercè

2 Dia de Sant Jordi
Ce jour-là, Barcelone se transforme en un gigantesque marché aux livres et aux fleurs : pour fêter saint Georges *(p. 39)*, les hommes offrent une rose aux femmes qui leur donnent en retour un livre. Ainsi, on commémore Shakespeare et Cervantès, tous deux morts le 23 avril 1616. ◈ *23 avr.*

3 Verbena de Sant Joan
La veille de la Saint-Jean, les Catalans fêtent avec enthousiasme le solstice d'été. Des feux d'artifice sont tirés et des feux de joies allumés sur les plages et les places de toute la région. ◈ *23 juin.*

4 Festa major de Gràcia
La plus longue fête de l'été a lieu une semaine durant dans Gràcia. Parades, concerts en plein air, feux d'artifice et flots de bière et de *cava* alimentent ces contagieuses festivités. ◈ *Dern. quinz. d'août.*

5 Carnaval de Sitges
À Sitges *(p. 121)*, on célèbre le carnaval avec faste et exubérance. Chars fabuleux, parades de travestis et concours de karaoké font abandonner les plages à une foule réchauffée par le soleil et la bière. ◈ *3-4 jours, fév.-mi-mars.*

6 Festa de la Patum
Une des fêtes les plus animées de la région a lieu dans le village de Berga, à 90 km au nord de Barcelone. Son nom vient d'un ancien chant, la *patum*, semblable au son d'un tambour. Des groupes envahissent les rues, et nains, démons et dragons paradent sur des chars. ◈ *Corpus Cristi (mai-juin).*

7 Festa del Aquelarre
Cette fête a lieu à Cervera, à 100 km à l'ouest de Barcelone. Concerts, parades, animations : tout se passe autour de la carrer de les Bruixes, une ruelle médiévale qui traverse la vieille ville. ◈ *Dern. w.-e. d'août.*

Le site **www.spain.info** *a une page consacrée aux fêtes espagnoles.*

8 Castells

Les *castells* (tour humaine) sont une des traditions les plus spectaculaires de Catalogne : les *castellers* montent sur les épaules les uns des autres jusqu'à former une plus haute tour possible. Une fois la tour achevée, un enfant grimpe au sommet et effectue le signe de croix. Des *castells* se forment souvent plaça Sant Jaume. ✪ *Juin.*

9 Sardanes

« Un magnifique cercle mouvant », c'est ainsi que le poète Joan Maragall décrivait cette danse traditionnelle catalane. Rythmée par la *cobla*, un orchestre traditionnel de cuivres et de vents, cette danse est plus complexe qu'elle ne le paraît. Toute l'année, on danse la sardane plaça de la Seu et plaça Sant Jaume *(p. 14).*

10 Noël catalan et la Cavalcada del Reis

Les fêtes de *Nadal* (Noël) commencent le 1er décembre avec les foires artisanales. Le 5 janvier a lieu la Cavalcada del Reis : les Rois mages arrivent par bateau et sont accueillis par la municipalité de Barcelone.

Castells

Festivals de musique, de théâtre et d'art

1 Festival del Grec
Le plus important festival de musique, de théâtre et de danse de la ville. ✪ *Fin juin-juil.* • 93 316 11 11 ou 90 210 12 12.

2 Sónar
La grande fête des musiques électroniques et du multimédia. ✪ *Mi-juin* • www.sonar.es

3 Festival internacional de jazz
Jazz expérimental et classique. ✪ *Oct.-déc.* • 93 481 70 40 • www.the project.es

4 Festival international du film de Sitges
Le plus grand festival de films fantastiques du monde. ✪ *Déb. oct.* • www.cinemasitges.com

5 Festival de música antiga
Concerts de musique baroque dans le Barri Gótic et à l'Auditori. ✪ *Avr. et mai* • 93 247 93 00.

6 Clàssica als Parcs
Concerts de musique classique dans les parcs de la ville. ✪ *Juil.* • 010

7 Festival de guitarra
Festival international de guitare. ✪ *Mars-juin* • 93 481 70 40 • www.the-project.es

8 Festival de músiques del món
Musiques ethniques du monde entier à l'Auditori. ✪ *Oct.* • 93 247 93 00.

9 Festival de flamenco
Une semaine de flamenco exceptionnel au CCCB du Raval. ✪ *Fin mai* • 93 443 43 46

10 Festival de música
Des groupes du monde entier se produisent à Llívia, à la frontière française. ✪ *Llívia* • août et déc. • 972 896 011.

Barcelone thème par thème

Gauche **Teatre Grec** Droite **Gran Teatre del Liceu**

TOP10 Salles de concert et de spectacle

1 Gran Teatre del Liceu
Depuis son inauguration en 1847, le Liceu a été deux fois dévasté par les flammes. Cette célèbre scène européenne est aujourd'hui entièrement restaurée. Sa programmation est connue pour les récitals des enfants du pays devenus des stars, comme Montserrat Caballé ou José Carreras, un des « trois ténors ». ⚘ *La Rambla • plan L4 • 93 485 99 14 • vis. guid. t.l.j. 10h • EP • AH.*

2 Palau Sant Jordi
Ce stade, qui fait partie des installations olympiques, accueille l'équipe de basket barcelonaise (p. 61). Il se transforme en salle de concert géante lorsque des stars comme Madonna ou U2 s'arrêtent à Barcelone (p. 90). ⚘ *Billetterie 93 426 20 89 • ouv. à la visite sam. et dim. 10h-18h (20h en juil.-août) • EG • AH.*

3 Teatre grec
Au milieu des arbres, cet amphithéâtre est un lieu magique pour assister à un ballet, un concert ou une pièce. Uniquement utilisé pour des spectacles lors du Festival del Grec, en été, les jardins se visitent toute l'année (p. 90). ⚘ *Billetterie 902 10 12 12 • ouv. à la visite t.l.j. 10h-crépuscule • EG.*

4 Palau de la Música catalana
Même si l'Auditori lui a volé un peu de son prestige, ce chef-d'œuvre du Modernisme conçu par Domènech i Montaner accueille toujours d'excellents concerts de musique classique et du monde, de jazz ainsi qu'un festival de guitare (p. 26-27).

5 Auditori de Barcelona
Cette salle située à côté du Teatre nacional est la résidence permanente de l'Orchestra simfònica de Barcelona. L'acoustique y est excellente. Des concerts de musique classique et de jazz y sont programmés. ⚘ *C/Lepant 150 • plan G1 • 93 247 93 00 • AH.*

6 Harlem Jazz Club
Un des plus anciens clubs de jazz de la ville. Les groupes de jazz alternatif et de blues qu'il accueille touchent un public confidentiel. L'entrée est gratuite si l'on consomme (p. 77). ⚘ *93 310 07 55.*

Concert, palau de la Música catalana

66
Pour ceux qui comprennent le catalan, le Teatre nacional de Catalunya (tél. 93 306 57 00) est un beau lieu pour voir une pièce.

Mercat de les Flors

7 Un lieu idéal pour des troupes comme La Fura dels Baus ou Comediants dont les spectacles marient théâtre et cirque : extraordinaire et facile à suivre même pour ceux qui ne comprennent pas le catalan.
❧ *C/Lleida 59 • plan B4 • 93 426 18 75 • www.mercatflors.org*

Club Apolo

8 Ce dancing tout de velours rouge et de lambris est un des night-clubs les plus fréquentés de Barcelone. Les meilleurs groupes de techno et de dance du monde s'y produisent. ❧ *C/Nou de la Rambla 113 • plan K4 • 93 441 40 01.*

Harlem Jazz Club

JazzSi Club – Taller de Musics

9 Cet espace dédié à la musique propose des ateliers de musiques, des cours et des concerts dans la journée. Jazz, musique cubaine et flamenco commencent entre 19 h 30 et 21 h. ❧ *Requesens 2 • plan J12 • 93 329 00 20 • EP.*

Club Fellini

10 Ce club propose trois espaces : la salle des Miroirs, avec de la musique house branchée ; la Vilaine Salle, pour entendre de la musique électronique et la Chambre rouge, un lieu idéal pour flirter.
❧ *La Rambla 27 • plan L5 • 93 272 49 80 • www.clubfellini.com*

Cinémas projetant des films en version originale

Verdi

1 Un des premiers cinémas en VO de Barcelone. Cinq salles. ❧ *C/Verdi 32 • plan B2 • 93 238 79 90.*

Icària Yelmo Cineplex

2 Ce géant de 15 salles ne passe que des films en VO. ❧ *C/Salvador Espriu 61 • plan H5 • 90 222 09 22.*

Casablanca

3 Un vieux cinéma de deux salles qui a gardé tout son charme. ❧ *Pg de Gràcia 115 • plan E2 • 93 459 03 26.*

Boliche

4 Quatre salles consacrées surtout au cinéma européen. ❧ *Av Diagonal 508 • plan E1 • 93 218 17 88.*

Méliès Cinemes

5 Deux salles projetant des classiques. ❧ *C/Villarroel 102 • plan J1 • 93 451 00 51.*

Renoir-Les Corts

6 Un multiplexe proposant des films en espagnol et en anglais. ❧ *C/Eugeni d'Ors 12 • plan A2 • 93 490 55 10.*

Verdi Park

7 Le vieux cinéma Verdi compte aujourd'hui quatre salles. ❧ *C/Torrijos 49 • plan F1 • 93 238 79 90.*

Renoir Floridablanca

8 Cinéma multiplexe projetant des films du monde entier. ❧ *Floridablanca 135 • plan C3 • 90 222 16 22.*

Maldà

9 Petit cinéma montrant des films indépendants et des films réalisés à Bollywood. ❧ *C/del Pi 5 • plan M3 • 93 481 37 04.*

Filmoteca

10 Le cinéma d'art et d'essai géré par le gouvernement catalan projette trois films en VO par jour. ❧ *Av. Sarrià 31-33 • plan D1 • 93 410 75 90. • ferm. en août.*

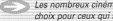

Les nombreux cinémas versió original de Barcelone offrent un grand choix pour ceux qui sont cinéphiles mais ne parlent pas catalan.

VISITER BARCELONE

BARCELONE TOP 10

Gauche **Museu d'Història de la ciutat** Droite **Saló de Cent, ajuntament**

Barri Gòtic et La Ribera

Barcino, la Barcelone romaine, était protégée par une enceinte en pierre. Au fil des siècles, la cité s'agrandit. Les XIVᵉ et XVᵉ s. sont une période de prospérité et d'expansion pour la ville. Le Barri Gòtic, remarquablement bien conservé, date de cette époque. La meilleure façon de découvrir ce fascinant et dense quartier médiéval est de se perdre au hasard de ses ruelles bordées d'édifices gothiques et de ses petites places. Au centre du Barri Gòtic se dresse la superbe cathédrale du XIIIᵉ s. – cœur de la vie spirituelle et sociale du quartier –, entourée de beaux bâtiments construits au Moyen Âge. Non loin, la plaça del Rei (p. 36) présente un bel ensemble monumental également construit au Moyen Âge et en excellent état de conservation. À l'est du Barri Gòtic s'étend le vieux quartier de La Ribera,

qui englobe celui d'El Born (p. 72). Dans la carrer Montcada, au cœur de La Ribera, s'élèvent des palais médiévaux dont cinq d'entre eux accueillent le magnifique musée Picasso.

Arc roman, carrer Paradis

Les sites

1. **Cathédrale**
2. **Museu Picasso**
3. **Palau de la Música catalana**
4. **Plaça de Sant Jaume**
5. **Conjunt monumental de la plaça del Rei**
6. **Plaça Reial**
7. **Museu Frederic Marès**
8. **Església de Santa Maria del Mar**
9. **Disseny Hub Barcelona**
10. **Museu Barbier-Mueller d'Art precolombí**

Visites dans le quartier de la Rambla **p. 12-13**

1 Cathédrale

La construction de la cathédrale débuta en 1298. Sa haute silhouette domine le Barri Gòtic *(p. 14-15)*.

2 Museu Picasso

Découvrez les œuvres de jeunesse d'un des plus célèbres artistes du XXe s. *(p. 24-25)*.

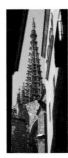

La cathédrale

3 Palau de la Música catalana

Cette prestigieuse salle de concert est un monument à la gloire de la musique catalane et du Modernisme *(p. 26-27)*.

4 Plaça de Sant Jaume

Cette place *(p. 36)* était autrefois au cœur de l'enceinte romaine de Barcelone. Centre historique, elle est aussi le centre politique de la ville : elle abrite en effet le palau de la Generalitat, siège du gouvernement catalan, ainsi que l'ajuntament, l'hôtel de ville. Sur la façade du palau de la Generalitat (XVe s.), un relief sculpté représente sant Jordi, le saint patron de la Catalogne. L'intérieur abrite la belle capella de Sant Jordi du XVe s. *(p. 39)*, œuvre de l'architecte Marc Safont. L'ajuntament est un palais gothique dans lequel on peut visiter le superbe saló de Cent où se réunissait le Conseil des Cent, qui gouverna la ville de 1372 à 1714. Le pati dels Tarongers est un joli patio planté d'orangers.
🚫 *Palau de la Generalitat • pl. de Sant Jaume • plan M4 • vis. guid. 2e et 4e dim. du mois 10h30-13h30 (passeport demandé) • EG.* 🚫 *Ajuntament • pl. de Sant Jaume • plan M4 • vis. guid. dim. 10h-13h30 • EG.*

5 Conjunt monumental de la plaça del Rei

Au cœur du Barri Gòtic, le majestueux Palau reial (palais royal) des XIIIe et XIVe s. domine la plaça del Rei *(p. 36)*. Il abrite le saló del Tinell, une immense salle couronnée d'arcs gothiques où Ferdinand d'Aragon et Isabelle de Castille, les Rois Catholiques, auraient reçu Christophe Colomb à son retour des Amériques en 1493. Dans la capella de Santa Àgata *(p. 38)*, une chapelle médiévale, se trouve un splendide retable du XVe s. de Jaume Huguet. Une visite du museu d'Història de la ciutat permet de découvrir les vestiges romains de Barcelone. Billet d'accès commun au palais et au musée. 🚫 *Pl. del Rei • plan M4 • ouv. mar.-sam. 10h-20h (ferm. oct.-mai 14h-16h, 19h) et dim. 10h-15h • EP • AH.*

Gauche **Façade du palau de la Generalitat** Droite **Une colonne du palau de la Música catalana**

➤ *Autres places dans le Barri Gòtic p. 36-37*

El Born

Si vous rêvez d'un bon Martini sur fond de jazz alternatif, ne cherchez pas, allez directement dans El Born. Ce vieux quartier est devenu à la mode il y a quelques années quand artistes et étudiants, attirés par les entrepôts désaffectés et des loyers modestes, s'y sont installés. L'ambiance désormais intello et branchée épouse à merveille l'atmosphère ancienne du lieu : dans les rues étroites, le linge pend des fenêtres au-dessus des boutiques de design. Bordé de bars et de cafés, le passeig del Born débouche sur la plaça Comercial, où l'immense marché del Born, en activité de 1870 à 1970, a été transformé en centre culturel et un espace d'expositions.

Plaça Reial

Plaça Reial

6 Sous les arcades de la plaça Reial, une des places les plus vivantes de Barcelone, l'élégance fin XIXe s. se mêle à l'ambiance populaire des cafés et des bars. Plantée de palmiers, la place est bordée d'imposants bâtiments du XIXe s. C'est le jeune Gaudí qui a conçu les réverbères modernistes (1879). Au centre de la place, la fontaine représente les Trois Grâces. Ses restaurants, bars et cafés sont l'endroit idéal pour débuter la soirée. Mais… attention aux pickpockets. 🚫 Plan L4.

Arc médiéval, museu Frederic Marès

Museu Frederic Marès

7 Cet incroyable musée expose le trésor amassé par le sculpteur catalan Frederic Marès. Collectionneur fortuné, original et

passionné, il a réuni un ensemble exceptionnel d'œuvres et d'objets. Le musée abrite notamment une remarquable collection de statues religieuses, de l'époque romaine à nos jours. La partie appelée Museu sentimental présente toutes sortes d'objets des montres anciennes aux éventails, en passant par les poupées. Dans le patio, le cafè d'Estiu (p. 78) dispose d'une terrasse ensoleillée. 🚫 Pl. de Sant Iu 5-6 • plan N3 • ouv. mar.-sam. 10h-19h, dim. 10h-15h • EP • EG mar. soir et 1er dim. du mois, vis. guid. gratuite sur demande, tél. au 93 256 35 00.

Església de Santa Maria del Mar

8 Cette église du XIVe s., œuvre de l'architecte Berenguer de Montagut, est un exemple parfait de l'austère style gothique catalan typique de Barcelone. Elle est dédiée à sainte Marie de la Mer, patronne des marins. Notez la vieille maquette de bateau suspendue près d'une statue de la Vierge. C'est l'église préférée des Barcelonais pour les mariages, ce qui lui a valu le surnom d'« église du peuple ». 🚫 Pl. de Santa Maria 1 • plan P5 • ouv. t.l.j. 9h-13h30 et 16h30-20h.

Disseny Hub Barcelona

9 Occupant deux palais médiévaux contigus, le musée présente des expositions temporaires relatives à l'architecture, au graphisme, à la communication, aux objets et à la mode. Une sensationnelle petite boutique vend des vêtements très originaux, des accessoires et des objets design. Un café dispose de tables à l'extérieur, dans une cour ombragée. En 2011, le musée déménagera plaça de les Glories.
- C/Montcada 12-14 • plan P4
- ouv. mar.-sam. 10h-18h et dim. 10h-15h
- EP • AH.

Museu Barbier-Mueller d'Art precolombí

10 Situé dans le palau Nadal (XVIe s.), ce musée invite à un formidable voyage à travers 3 000 ans d'histoire des cultures précolombiennes grâce à des sculptures, des céramiques et des objets d'orfèvrerie aztèques, mayas et incas. Des expositions temporaires soulignent la richesses et la diversité de ces cultures. - C/Montcada 12-14 • plan P4 • ouv. t.l.j. 11h-17h • EP sauf 1er dim. du mois • AH.

Intérieur de l'església de Santa Maria del Mar

La Barcelone romaine

Le matin

🕐 Depuis la station de métro Jaume Ier, pénétrez dans l'enceinte romaine de Barcino par la carrer Llibreteria, la grande route de Rome. Remontez la carrer Veguer jusqu'à la **plaça del Rei** (p. 36), puis descendez dans le fascinant maillage souterrain des murs et des canaux romains *via* le **museu d'Història de la ciutat** (p. 71). Vous y découvrirez les vestiges d'un atelier du IIe s. et d'une taverne romaine. De retour en surface, faites une pause à la terrasse du **Cafè-bar L'Antiquari** (p. 78). Flânez en direction des flèches de la cathédrale le long de la carrer de la Pietat, prenez à droite l'ancienne voie romaine (c/Bisbe), puis à nouveau à droite dans l'avinguda de la Catedral. Visitez la **Pia Almoina** (p. 15), dans laquelle des vestiges de l'aqueduc romains sont visibles. Retournez vers la plaça Nova, regardez les deux tours de l'ancienne porte romaine, puis poursuivez le long de la carrer Arcs.

L'après-midi

🍴 Déjeunez au **Reial Cercle Artístic** (c/Arcs 5) un club d'artistes de la fin du XIXe s. Ne tenez pas compte du panneau « réservé aux membres » : le restaurant est ouvert à tous, et sa terrasse en surplomb offre un répit bienvenu, au-dessus de la foule. Après le repas, remontez l'avinguda del Portal de l'Àngel, et prenez la carrer Canuda, à gauche, jusqu'à la **plaça de la Vila de Madrid** (p. 37) où vous pourrez voir les vestiges d'une nécropole romaine.

➜ Autres musées p. 40-41

Gauche **Carrer del Bisbe** Centre **Església de Sant Just i Sant Pastor** Droite **Plaça de Sant Felip Neri**

Autres visites

1 Carrer del Bisbe
Un pont en pierre de style néogothique (1928) emjambe cette rue médiévale et relie les cases dels Canonges (maisons des Chanoines), bâtiments gothiques, au palau de la Generalitat *(p. 71)*. ✎ *Plan M3.*

2 Carrer de Santa Llúcia
Le week-end, des amateurs chantent des airs d'opéra dans cette rue médiévale. Ne manquez pas la casa de l'Ardiaca et son ravissant patio *(p. 15)*. ✎ *Plan M3.*

3 El Call
Avant d'être expulsée au XVe s., une communauté juive importante habitait El Call. Les rues de l'ancien ghetto sont si étroites qu'on prétend qu'il est possible d'attacher son mouchoir d'une façade à l'autre. ✎ *Plan M4.*

4 Carrer Montcada
Cette rue du quartier de La Ribera est bordée de merveilleux palais. Le palau Aquilar du XVe s. est occupé par le museu Picasso *(p. 24-25)*. Le palau Dalmases, du XVIIe s., possède une chapelle gothique. ✎ *Plan P4.*

5 Plaça de Ramon Berenguer el Gran
Les vestiges les mieux conservés de l'enceinte romaine de Barcelone sont visibles sur cette place. ✎ *Plan N3.*

6 Carrer Regomir et carrer del Correu Vell
En longeant la carrer Regomir, vous verrez de superbes vestiges romains, notamment dans le pati Llimona. Perpendiculaire, la carrer del Correu Vell mène à la plaça dels Traginers. Sur votre chemin, remarquez les tours et les murs romains en ruine. ✎ *Plan M5.*

7 Plaça de Sant Felip Neri
Cette paisible place abrite le museu del Calçat *(p. 41)*. De hauts arbres filtrent les rayons du soleil et dissimulent le musée. ✎ *Plan M3.*

8 Carrer Petritxol
Granjes et *xocolateries* (salon de thé) typiques bordent cette belle rue médiévale. C'est aussi l'adresse de la célèbre galerie d'art Sala Parés, fondée en 1877, qui a exposé Picasso, Casas et d'autres artistes catalans. ✎ *Plan L3.*

9 Església de Sant Just i Sant Pastor
Cette belle église gothique (1342) abrite des statues du IXe s. ✎ *Plan M4.*

10 Església de Santa Anna
À deux pas de la Rambla, le cloître gothique du XVe s. de cette église romane est un endroit calme. ✎ *Plan M2.*

Autres places **p. 36-37**

Gauche **Escribà Confiteria i Fleca** Centre **La Manual Alpargatera** Droite **Bubó**

Souvenirs et gourmandises

1 Escribà Confiteria i Fleca
Si la devanture moderniste ne suffit pas à vous attirer, vous ne résisterez pas aux pâtisseries et aux chocolats ! À emporter ou à déguster sur place.
◎ La Rambla 83 • plan L3.

2 Como Agua de Mayo
Cette petite boutique propose des vêtements de créateurs espagnols pour femmes sexy à des prix abordables. ◎ C/Argenteria • plan N4.

3 Cocotte
Des vêtements et des accessoires pour femmes ravissants dans un magasin style loft. Des grands noms de la mode espagnole et française comme Hoss, Intropia et See by Chloé. ◎ C/Rec 65 • plan P5.

4 Atalanta Manufactura
Cet atelier crée et vend des soieries peintes à la main. Certains motifs sont très riches, par exemple la soie dorée inspirée des tableaux de Klimt.
◎ Pg del Born 10 • Plan P5.

5 La Manual Alpargatera
Devinez ce que Jack Nicholson et le Pape ont en commun : c'est ici qu'ils achètent leurs *alpargatas* (espadrilles) !
◎ C/Avinyó 7 • plan M4.

6 Casa Colomina
Goûtez au *torró*, le nougat espagnol. La Casa Colomina, fondée en 1908, en propose un choix à vous faire perdre la tête. ◎ C/Portaferrissa 8 • plan L3.

7 Cereria Subirà
Dans la plus vieille boutique de Barcelone (1761), on trouve toutes les sortes de bougies possibles et imaginables.
◎ Baixada Llibreteria 7 • plan N4.

8 L'Arca de l'Àvia
Cette étonnante boutique rétro propose robes des années 1920, corsets baleinés, chemisiers à manches bouffantes… On y trouve aussi une belle sélection de poupées anciennes et d'éventails.
◎ C/Banys Nous 20 • plan M3.

9 Guantería Alonso
Dans cette ancienne boutique, vous trouverez des éventails colorés peints à la main, des gants en peau faits main, des châles brodés, des peignes décoratifs et des accessoires espagnols typiques.
◎ C/Santa Anna 27 • plan M2.

10 Bubó
Les gâteaux de cette pâtisserie ultramoderne sont des œuvres d'art. Café attenant à la boutique. ◎ Carrer Caputxes 10 • plan N5.

Informations sur le shopping et les heures d'ouverture des magasins **p. 139**

75

Gauche **La Vinya del Senyor** Droite **Schilling**

TOP10 Où bavarder autour d'un verre

Schilling
À travers les larges baies vitrées de ce bar spacieux, on peut observer la foule qui déambule dans la carrer Ferran. Ici, les touristes se mélangent aux Barcelonais. § C/Ferran 23 • plan M4.

Bar L'Ascensor
Un vieil ascensor en bois sert d'accès à ce bar convivial où la lumière est tamisée. Pour les amoureux des cocktails. § C/Bellafila 3 • plan M4.

Espai Barroc
« L'espace baroque » est aménagé dans la superbe cour du palau Dalmases (XVIIe s.). Des concerts de musique classique ont régulièrement lieu le jeudi soir. Attention : les consommations sont chères. § C/Montcada 20 • plan P4 • ferm. lun.

Ginger
Ce bar élégant sert vins, champagnes, cocktails et toutes sortes de tapas sur un fond musical de jazz et de musique de bar. § Palma de Sant Just 1 • plan N4 • ferm. lun. et dim.

Glaciar
À un angle de la plaça Reial, ce bar bien situé attire une clientèle mélangée. Asseyez-vous en terrasse et observez la vie de la place. § Pl. Reial 3 • plan L4.

María Mulata
Ce bar intimiste sert de savoureux mojitos et caipirinhas. Projections de films le lundi soir et DJ le dimanche pour réchauffer l'ambiance. § C/Ample 27 • plan M5.

La Vinya del Senyor
Chic mais accueillant, ce bar offre un grand choix de vins d'Espagne et d'ailleurs. § Pl. Santa Maria 5 • plan N5 • ferm. lun.

Cactus Bar
L'intérêt de ce café réside dans sa terrasse avec ses tables sous une élégante arcade de pierre et dans sa superbe vue sur le passeig del Born. § Passeig del Born • plan P4.

Gimlet
Dans le quartier d'El Born, ce bar sert de délicieux cocktails (bien dosés) dans un cadre style années 1950. La clientèle est locale ; ce qui est toujours bon signe ! § C/Rec 24 • plan P4 .

Mudanzas
Les tables rondes en marbre et les damiers noir et blanc au sol composent un décor élégant. L'ambiance accueillante fait depuis longtemps de ce bar un lieu très fréquenté. § C/Vidrieria 15 • plan P5.

Sauf indication contraire, les bars et discothèques sont ouverts tous les jours.

Gauche **Sidecar Factory Club** Droite **Jamboree**

TOP10 Discothèques et musique live

1 Jamboree
Une véritable institution au cœur du Barri Gòtic : jazz *live* tous les soirs de 23 h à 1 h, puis discothèque avec des DJ qui mixent à peu près tout. ✆ *Pl. Reial 17 • plan L4 • EP.*

2 Fellini
La décoration de ce bar – velours rouge et bois doré – est un hommage au baroque. Il est réputé pour ses nuits à thème. ✆ *La Rambla 27 • plan L5 • 93 272 49 80 • ferm. lun.*

3 El Pilé 43
Ce petit bar branché est encombré de meubles rétro des années 1960 et 1970. Plongez dans un sofa pour siroter un mojito. ✆ *C/Aglà • plan L4.*

4 Harlem Jazz Club
L'ambiance dans ce club enfumé est décontractée. La programmation est éclectique : jazz, blues, *flamenco fusion*, reggae et musique africaine. ✆ *Comtessa de Sobradiel 8 • plan M5 • EG habituellement • Ferm. lun., les concerts débutent à 22h30.*

5 Fantastico Club
De la pop, de l'électro pot et un décor acidulé font du Fantastico Club un must des nuits barcelonaises. ✆ *Pg Isabel II 4 • plan N5.*

6 Karma
La vogue hippie et les années 1970 n'ont rien perdu de leur popularité. ✆ *Pl. Reial 10 • plan L4 • EP • ferm. lun.*

7 Magic
Venez le week-end pour découvrir les nouveaux groupes espagnols dans ce club de rock. Après le show, on danse jusqu'à 5 h 30 du matin. ✆ *Pg Picasso 40 • plan P4 • EP • ferm. dim.-mer.*

8 Espai Barrol
Un bar lounge somptueux décoré d'antiquités et des concerts de musique classique ou des opéras tous les jeudis soirs. ✆ *C/Moncada 20 • plan D4.*

9 Al Limón Negro
Le « citron noir » est un club, un restaurant et aussi un espace où ont lieu des concerts de musiques du monde, des spectacles et parfois des expositions. ✆ *C/Escudellers Blancs 3 • plan L4 • ferm. lun.*

10 Sidecar Factory Club
Ce club est indissociable de la scène musicale barcelonaise comme le side-car de sa moto. Musique, théâtre, cabaret et vidéo se côtoient dans ce lieu où l'on sert aussi une bonne cuisine. ✆ *Pl. Reial 7 • plan L4 • EP • ferm. dim.*

➤ *Vie nocturne, les meilleures adresses* **p. 46-47**

Gauche **Terrasse du café-bar L'Antiquari** Centre **Glace, café d'Estiu** Droite **Café-bar del Pi**

TOP 10 Cafés et bars

1 Cafè d'Estiu
Dans le patio du museu Frederic Marès, entre des piliers recouverts de lierre et des orangers, la jolie terrasse du cafè d'Estiu est inondée de soleil. ◎ Pl de Sant Lluc 5-6 • plan N3 • ferm. lun. et oct.-mars • AH.

2 La Báscula
Ce curieux petit café, aménagé dans une ancienne fabrique de chocolat, propose plats végétariens et savoureux gâteaux. ◎ C/Flassaders 30 • Plan P4 • 93 319 98 66.

3 Cafè-bar L'Antiquari
L'été, installez-vous à cette terrasse de la plaça del Rei. Puis, dans la soirée, descendez au bar, en sous-sol. ◎ C/Veguer 13 • plan N4.

4 Cafè-bar del Pi
L'església de Santa Maria del Pi fait de l'ombre à la terrasse de ce café. Prenez place et laissez-vous distraire par les artistes de rue. ◎ Pl. Santa Josep Oriol 1 • plan M4 • ferm. mar., 7-30 janv.

5 Tetería Salterio
Le lieu idéal pour se détendre, devant un thé et des pâtisseries orientales. Ne manquez pas le Sardo, sorte de pizza orientale avec garnitures. ◎ Sant Domenec del Call 4 • plan M4. • ferm. lun.

6 Café Blis
Ce café chaleureux est l'endroit idéal pour faire une pause dans le Barri Gòtic. Repas légers, en-cas et gâteaux divins. ◎ Pl. Sants Just i Pastor • plan N4 • 93 268 10 22.

7 Café del Born
La plaça Comercial est bordée de cafés. Un peu en retrait, le café del Born est très agréable, surtout à la tombée du jour. ◎ Pl. Comercial 10 • plan P4.

8 Caelum
En haut, on vend du miel, des confitures et autres produits fabriqués dans les couvents d'Espagne. En bas, vous pouvez goûter à tous ces délices dans ce café situé à l'emplacement de bains du XVe s. ◎ C/Palla 8 • plan M3 • ferm. lun.

9 Venus Delicatessen
Dans un décor coloré, ce café-restaurant sert d'excellents cafés et thés, et propose des plats frais et originaux. ◎ C/Avinyó 25 • plan M5 • ferm. dim., 7-30 janv.

10 La Granja Pallaresa
Cette xocolateria tenue par la même famille depuis des générations sert un épais chocolat chaud accompagné de xurros (beignets) ◎ C/Petritxol 11 • plan L3.

Autres cafés du Barri Gòtic p. 42-43

Catégories de prix

Pour un repas avec entrée, plat et dessert, une demi-bouteille de vin, taxes et service compris.	**€** Jusqu'à 15 €
	€€ De 15 à 25 €
	€€€ De 25 à 35 €
	€€€€ De 35 à 45 €
	€€€€€ Plus de 45 €

Cal Pep

Restaurants et bars à tapas

1 Agut d'Avignon
Dans un bâtiment du XVIIe s., ce restaurant franco-catalan sert une cuisine familiale, avec une touche d'originalité. Essayez le canard aux figues ou l'oie aux poires. ◈ C/Trinitat 3 • plan M4 • 93 302 60 34 • €€€€€.

2 Cal Pep
Ne manquez pas les tapas et les jambons de cette institution. ◈ Pl. de les Olles 8 • plan P5 • 93 310 79 61 • ferm. dim. et lun. midi • €€€€.

3 Cafè de l'Acadèmia
Une excellente cuisine catalane et des desserts divins sont à la carte de ce restaurant qui occupe une maison du XVIIIe s. ◈ C/Lledó 1 • plan N4 • 93 315 00 26 • ferm. sam.-dim. • €€.

4 Commerç 24
La carte de ce restaurant innovant change constamment. Tous les platillos (plats du jour) sont un mélange exquis de saveurs. ◈ C/Commerç 24 • plan P4 • 93 319 21 02 • ferm. dim. et lun. • €€€€.

5 Senyor Parellada
Ce restaurant propose une excellente cuisine catalane. Goûtez ses spécialités : morue et saucisses. ◈ C/Argenteria 37 • plan N4 • 93 310 50 94 • €€€.

6 Agut
Depuis plus de 75 ans, cet accueillant restaurant familial régale ses clients d'excellents plats catalans à des prix corrects. ◈ C/Gignàs 16 • plan M5 • 93 315 17 09 • ferm. dim. soir et lun., 1 sem. en janv. et août • AH • €€€€.

7 Taller de Tapas
Le restaurant fait partie d'une petite chaîne qui sert d'excellentes tapas. Les tapas aux fruits de mer sont particulièrement bonnes. ◈ Plaça de San Josep Oriol 9 • plan M3 • 93 301 80 20 • €€.

8 Salero
L'intérieur tout blanc du « saloir » est éclairé aux bougies. Ce restaurant propose des plats méditerranéo-asiatiques... surprenants. ◈ C/Rec 60 • plan P5 • 93 319 80 22 • ferm. dim. • €€€.

9 El Xampanyet
Ce bar démodé est réputé pour ses tapas simples et son cava très pétillant. ◈ C/Montcada 22 • plan P4 • 93 319 70 03 • ferm. dim. soir et lun. • €€.

10 Govinda
Ce restaurant indien sert des plats végétariens et de délicieux desserts, mais pas d'alcool. ◈ Pl. Vila de Madrid 4-5 • plan M2 • 93 318 77 29 • ferm. dim. soir et lun. soir • €€€ • AH.

Sauf indication contraire, les restaurants acceptent les cartes de paiement et proposent des plats végétariens. Informations **p. 138**

Gauche **Plaça de Joan Coromines** Droite **Chapiteaux de l'església de Sant Pau del Camp**

El Raval

*C*et ancien quartier ouvrier est depuis une dizaine d'années
en pleine rénovation. Tout a commencé avec la création du museu
d'Art contemporani (MACBA) dont la façade de verre et les murs blancs
brillent aujourd'hui au milieu d'immeubles encore délabrés. Dans les
sombres ruelles, des galeries d'art contemporain et de design se sont
installées entre des épiceries asiatiques vendant herbes et épices,
de vieux bars enfumés et d'anciennes maisons closes. El Raval a même
sa propre Rambla, une nouvelle artère piétonnière baptisée « la Rambla
del Raval ». L'essor du quartier a logiquement entraîné un boom
de l'immobilier : les jeunes Barcelonais
fortunés y achètent à prix d'or
de vieux appartements rénovés.

Vitrail, Museu marítim

🔟 Les sites

1 **Museu d'Art contemporani**

2 **Centre de Cultura contemporània et foment de les Arts decoratives**

3 **Museu marítim**

4 **Palau Güell**

5 **Rambla del Raval**

6 **Carrer Nou de la Rambla**

7 **Carrer Tallers et carrer Riera Baixa**

8 **Barri Xinès**

9 **Antic Hospital de la Santa Creu**

10 **Església de Sant Pau del Camp**

Visites dans le quartier de la Rambla p. 12-13

1 Museu d'Art contemporani

Ce musée abrite des œuvres de grands artistes contemporains espagnols et étrangers. Les expositions temporaires présentent le travail d'artistes de différentes disciplines (p. 28-29).

Coupole du salon central, palau Güell

2 Centre de Cultura contemporània et foment de les Arts decoratives

Le CCCB occupe un hospice du XVIIIe s., la casa de la Caritat. Pivot de la scène artistique contemporaine, il accueille, entre autres, des expositions d'avant-garde, des conférences, des premières de film et le célèbre Sónar, le grand festival du multimédia et des musiques électroniques (p. 65). La cour a été merveilleusement mise en valeur par une grande paroi de verre inclinée qui reflète les bâtiments anciens. À côté, le couvent gothique du XVIe s. a été rénové pour accueillir le foment de les Arts decoratives (p. 84), un groupe d'artistes et de designers fondé en 1903. Des expositions, des conférences et des débats y ont lieu. Le café-restaurant, le Fad Food (ouv. lun.-ven.) est fabuleux (p. 28-29).

3 Museu marítim

Dans les Drassanes reials, les impressionnants chantiers navals royaux du XIIIe s., le grandiose passé maritime de Barcelone reprend vie : des maquettes de bateaux, des cartes anciennes ou encore des figures de proue sont rassemblées sous les hauts arcs gothiques. La *Real*, la galère commandée par don Juan d'Autriche lors de la bataille de Lépante (1571), a été reconstituée grandeur nature. L'entrée au musée comprend aussi la visite du *Santa Eulàlia (p. 98)*, un voilier en bois de 1918 qui a été restauré.

⊙ Av. de les Drassanes • plan K6 • ouv. t.l.j.10h-20h • EP 6,50 € (tarif réduit 5,20 €).

4 Palau Güell

En 1886, le comte Eusebi Güell commande au jeune Gaudí une demeure qui le distinguerait de ses riches voisins. Le résultat sera le palau Güell, une des premières œuvres de Gaudí. L'imposante façade cache un intérieur sophistiqué, orné de colonnes ouvragées et de plafonds en bois sculpté. Les cheminées du toit sont décorées de mosaïques. Le palais, en travaux, est partiellement ouvert.

⊙ C/Nou de la Rambla 3-5 • plan L4 • vis. guid. toutes les 15 min. lun.-sam. 10h-18h15 • ouv. mar.-sam. 10h-14h30 • EG.

Espace puzzle au museu d'Art contemporani

➜ Informations sur Antoni Gaudí p. 11

5 Rambla del Raval

Cette avenue piétonnière bordée de palmiers est un projet urbain récent dont le but est de créer une ambiance proche de celle de la célèbre Rambla *(p. 12-13)*. Pour l'instant, elle n'attire que peu de monde, mais les défenseurs du projet rappellent que la Rambla del Raval vaut bien mieux que les deux rues sombres et délabrées qu'elle a remplacées. La création de nouveaux magasins, bars et cafés pourrait bien devenir une véritable rivale pour la Rambla. ◎ *Plan K4.*

Shopping dans la carrer Tallers

6 Carrer Nou de la Rambla

Dans la première moitié du XIXe s., la rue principale d'El Raval était une enfilade de cabarets, maisons closes et autres repaires nocturnes. Un commerce différent l'anime aujourd'hui : restaurants de quartier un peu décrépis, épiceries exotiques, magasins *discount* de vêtements et de chaussures. Ses cafés et bars, comme le London Bar *(p. 86)*, ont toutefois gardé leur charme, et le soir on y croise toujours des fêtards. ◎ *Plan J5.*

7 Carrer Tallers et carrer Riera Baixa

Ces deux rues combleront ceux qui cherchent des CD pirates de la dernière tournée européenne de Madonna ou des maillots de marin rayés bleu et blanc comme en portaient Picasso et ses amis. Au cœur d'El Raval, la carrer Tallers et la carrer Riera Baixa regorgent de boutiques de fripes de tous les styles, et de disquaires où l'on trouve aussi bien de vieux vinyles que les derniers CD sortis. Le samedi de 11 h à 21 h, les magasins de la carrer Riera Baixa tiennent leur propre marché et étalent leur marchandise dans la rue. ◎ *Plan L1 et K3.*

8 Barri Xinès

Si vous parlez avec les habitants du quartier, ils vous diront que le Barri Xinès n'existe plus et que son nom n'a rien à voir avec les Chinois (*Xinès* en catalan). Situé entre la carrer Sant Pau et l'avenida de les Drassanes, le Barri Xinès était le quartier des ouvriers, des prostituées, des maquereaux, des strip-teaseuses et des dealers. Au début des années 1900, on lui a donné ce nom en référence aux immigrants qui s'y

Disquaire, carrer Tallers

installèrent. Évidemment, tous n'étaient pas Chinois. La réhabilitation du quartier est en cours et, aujourd'hui, il reste peu de témoignages de son passé même si quelques ruelles sont toujours mal famées (soyez sur vos gardes). Le jour, on flâne dans les magasins *discount* et les petites épiceries ; la nuit, on va de bar en bar. ❧ *Plan K4.*

9 Antic Hospital de la Santa Creu

Précieux souvenir du passé médiéval du quartier, cet ancien hôpital de style gothique (1401) abrite la bibliothèque de Catalogne. Le jardin, très agréable, est entouré de colonnes gothiques et offre une halte rafraîchissante. ❧ *Entrée par la c/Carme et la c/Hospital 56 • plan K3 • cloître ouv. t.l.j. 9h-20h • EG.*

Cloître de l'església de Sant Pau del Camp

10 Església de Sant Pau del Camp

Au cœur du quartier d'El Raval, se cache une des plus anciennes églises de Barcelone. Fondée au IXe s. comme monastère bénédictin, cette vieille église romane, plusieurs fois remaniée, a conservé son paisible cloître du XIIe s. ❧ *C/Sant Pau 101 • plan J4 • église ouv. pour la messe, sam. 8h, dim. 12h ; cloître ouv. mar.-sam. 10h-13h30, lun.-ven. 17h-20h.*

Balade dans El Raval

Le matin

🕐 Commencez votre promenade en milieu de matinée par la visite des expositions temporaires du **CCCB** *(p. 81).* Le passé et l'avenir se mêlent très harmonieusement dans cet espace consacré à l'art contemporain : une excellente introduction au nouveau visage du quartier d'El Raval. Ensuite, prenez la carrer Montalegre en direction de la mer et arrêtez-vous plaça dels Àngels pour prendre un café sous les arcs gothiques du convent dels Àngels qui abrite le **foment de les Arts decoratives** *(p. 81)* et un café-restaurant. Bouclez cette promenade artistique par les galeries d'art de la carrer Doctor Dou. Si vous cherchez l'inspiration pour décorer votre intérieur, faites un tour chez **Ras** ou à la **Cotthem Gallery** *(p. 84).*

L'après-midi

Vous êtes à deux pas du **mercat de la Boqueria** *(p. 12)* : suivez la carrer Carme, tournez à droite dans la carrer Jerusalem et entrez par l'arrière dans l'immense halle. Allez directement à El Quim de la Boqueria *(étal 584-585),* où vous pourrez prendre un tabouret et attaquer un plat de moules ou de crevettes sautées à l'huile d'olive et à l'ail. Après, rendez-vous dans les jardins de l'**Antic Hospital de la Santa Creu**, par la carrer Hospital, pour savourer l'ambiance médiévale de ses cours et de ses arcades. Rejoignez ensuite le **Marsella** *(p. 86)* pour boire une absinthe, comme autrefois, avant de retrouver le **London Bar** *(p. 86)* et son orchestre.

Gauche **Galeria dels Àngels** Droite **Foment de les Arts decoratives**

Art contemporain et design

1 Galeria dels Àngels
Photographes, peintres et sculpteurs contemporains émergents ou reconnus, catalans ou d'ailleurs, exposent dans cette galerie ultramoderne. ◈ C/Àngels 16 • plan K2 • ferm. dim.-lun.

2 Transformer
Ce magasin dans l'une des rues branchées d'El Raval propose des lampes, des meubles, des poteries et des bijoux. L'endroit idéal pour trouver un cadeau. ◈ C/Doctor Nou 10 • plan L2 • 93 301 89 05.

3 Espai Ras
Maquettes d'architecture, installations vidéo, design et graphisme composent les expositions de cette galerie-librairie. ◈ C/Doctor Dou 10 • plan L2 • ferm. dim.-lun.

4 Baguès Joieria
Ce joaillier emblématique de Barcelone depuis 1839 a une réputation internationale. Chaque pièce est réalisée à la main selon un savoir-faire traditionnel. Les bijoux sont superbes. ◈ La Rambla 105 • plan L3 • ferm. dim.

5 Cotthem Gallery
Les meilleures expositions d'artistes contemporains internationaux ont lieu ici. ◈ C/Doctor Dou 15 • plan L2 • ferm. dim.-lun.

6 La Capella
Cette galerie qui expose de l'art contemporain est fière de posséder l'espace R. Punt où l'on peut se détendre en feuilletant des dizaines de magazines d'art. ◈ C/Hospital 56 • plan K3 • ouv. mar.-sam. 12h-14h et 16h-18h, dim. 11h-14h.

7 Foment de les Arts decoratives (FAD)
Informez-vous sur les expositions du FAD, qui se consacre depuis un siècle aux arts décoratifs et au design. ◈ Pl. Àngels 5-6 • plan K2 • ferm. dim.

8 La Xina A.R.T.
Cette galerie novatrice, créée par quatre artistes locaux à la fin des années 1990, présente les toutes dernières tendances de l'art contemporain. ◈ C/Doctor Dou 4 • plan L2 • ferm. dim. et lun., mar.-ven. le matin.

9 Loring Art
Grande librairie branchée, où multimédia et design électronique sont à l'honneur. ◈ C/Gravina 8 • plan L1 • ferm. sam.-dim.

10 The Air Shop
On y vend toutes sortes d'ustensiles gonflables amusants imaginés par de jeunes designers : vases ou accessoires de mobilier. ◈ C/Àngels 20 • plan K2 • ferm. dim.-mar.

Les vernissages ont généralement lieu une fois par mois, le mardi ou le jeudi. Renseignez-vous dans les galeries.

Gauche **Mies & Felj** Droite **Devanture de Revólver Records**

Friperies et disquaires

Mies & Felj
Passion commune de deux frères catalans et d'une Néerlandaise, la boutique déborde de vestes en cuir, de robes chinoises et de jeans d'occasion. ✆ C/Riera Baixa 4-5 • plan K3.

HoLaLa
Trois étages de fripes où l'on trouve de tout, des pantalons militaires à d'authentiques kimonos de soie en passant par des maillots de bain colorés des années 1950. ✆ C/Tallers 73 • plan L1.

Discos Edison's
Depuis 1979, la collection très large de vinyles de ce disquaire attire les fans de folklore catalan, de comédies musicales ou de pop espagnole ! ✆ C/Riera Baixa10 • plan K3.

Lailo
Dans cette friperie, on trouve de tout : de la robe de cocktail pailletée années 1950 au costume 1920. ✆ C/Riera Baixa 20 • plan K3.

Revólver Records ✓
Le rock règne ici, comme l'indiquent les portraits des Rolling Stones et de Jimi Hendrix peints à la bombe sur le mur. On y trouve des CD et de nombreux vinyles. ✆ C/Tallers 11 • Plan L2.

La Luna de 2ª mà
Fouillez dans ce choix restreint mais intéressant de vêtements et de chaussures d'occasion. ✆ C/Riera Baixa 18 • plan K3.

Le Swing
Cette boutique aussi raffinée qu'un boudoir vend des vêtements et des accessoires de marque, des chaussures Chanel au manteau Dior. ✆ C/Riera Baixa 13 • plan K3.

Smart & Clean
Les jeunes Barcelonais branchés ne jurent que par cette boutique de vêtements d'occasion des années 1960 et 1970. ✆ C/Xucla 6 • plan L.

Discos Tesla
Très petite mais bien fournie, cette boutique de vinyles et de CD est spécialisée dans les musiques alternatives des décennies passées. Il suffit de chantonner quelques mesures pour que le vendeur retrouve le tube. ✆ C/Tallers 3 • plan L2.

GI Joe Surplus
Un des rares surplus de l'armée et de la marine en Espagne. On y trouve des sacs marins et des vêtements des armées américaine, israélienne et russe. ✆ C/Hospital 82 • plan K3.

Informations sur le shopping et les heures d'ouverture des magasins p. 139

Gauche **Zelig** Droite **Zentraus**

TOP10 Bars et discothèques

1 Bar Almirall
Le plus vieux bar de Barcelone (1860) a conservé sa déco d'origine. La musique est éclectique, la clientèle jeune et sympathique, les cocktails bien dosés. ✆ C/Joaquin Costa 33 • plan K2.

2 Zelig
Ce bar à cocktails, « gay friendly », chaleureux, est un bon endroit pour commencer la nuit. Les cocktails sont excellents et les en-cas savoureux.
✆ C/Carme 116 • plan K2.

3 Bar Resolis
Ce bar de quartier vieillot a été transformé en une séduisante taverne bohème avec une petite terrasse. Vin et cocktails accompagnent de savoureuses tapas.
✆ C/Riera Baixa 22 • plan K3.

4 Marsella
Dans ce bar moderniste aux lumières tamisées, on sert un cocktail aux nouveaux venus et une absinthe aux habitués.
✆ C/Sant Pau 65 • plan K4.

5 Zentraus
Avec sa décoration branchée et ses lumières tamisées, c'est l'un des bars les plus chic du quartier. Les tables du restaurant laissent la place au DJ à partir d'1 h. ✆ Rambla del Raval • plan K4.

6 Betty Ford's
Un bar à cocktail décontracté dans la très animée carrer Joaquin Costa. Une ambiance qui bouge ! ✆ C/Dr. Dou 19 • plan L2.

7 Moog
Le rez-de-chaussée est le domaine des DJ connus qui mixent techno et électronique. Pour écouter un boogie ou un tube des années 1980, rendez-vous au 1er étage. ✆ C/Arc del Teatre 3 • plan L5 • EP.

8 Boadas Cocktail Bar
Un petit bar où l'on sert des cocktails depuis 1933. Une ambiance chaleureuse et très décontractée. ✆ C/Tallers 1 • plan L2 • ferm. dim.

9 London Bar
Autrefois fréquenté par Picasso, Hemingway et Miró, ce bar toujours bondé est un incontournable. Concerts divers, du jazz au folk. ✆ C/Nou de la Rambla 34 • plan K4 • ferm. lun.

10 Café Teatre Llantiol
La tradition barcelonaise du cabaret perdure ici avec de merveilleux spectacles de mime, de magie et de flamenco. ✆ C/Riereta 7 • plan J3 • spect. lun.-jeu. 21h et 23h, ven.-sam. 21h, 23h et 0h30, dim. 18h et 21h • EP.

Vie nocturne, les meilleures adresses p. 46-47

Catégories de prix

Pour un repas avec	€ Jusqu'à 15 €
entrée, plat et dessert,	€€ De 15 à 25 €
une demi-bouteille de	€€€ De 25 à 35 €
vin, taxes et service	€€€€ De 35 à 45 €
compris.	€€€€€ Plus de 45 €

Ca L'Isidre

🔟 Restaurants

Casa Leopoldo
Goûtez la délicieuse cuisine *mar i muntanya* (poisson et viande) de ce restaurant familial. Les boulettes de viande aux seiches sont délicieuses. ⊗ *C/Sant Rafael 24 • plan K3 • 93 441 30 14 • ferm. lun., Pâques, août • €€€€€.*

Ànima
Ce restaurant soigné sert une cuisine méditerranéenne sophistiquée. Le menu du déjeuner est un régal. ⊗ *C/Àngels 6 • plan K2 • 93 342 49 12 • ferm. dim. et lun. en août • €€€.*

Cal L'Isidre
Picasso, Tapiès et même Woody Allen ont savouré la cuisine catalane de ce restaurant. ⊗ *C/Flors 12 • plan J4 • 93 441 11 39 • ferm. sam. (en été), dim., Pâques, août et Noël • €€€€€.*

Silenus
Cet endroit spacieux décoré d'œuvres d'artistes locaux propose une cuisine méditerranéenne. ⊗ *C/Àngels 8 • plan K2 • 93 302 26 80 • ferm. dim. • €€€€.*

Las Fernández
Un restaurant simple et accueillant. On y sert des plats du Bierzo, dans le Léon, comme le steak au poivre de Bierzo. ⊗ *C/Carretas 11 • plan J3 • 93 443 20 43 • ferm. lun., à midi, 3 sem. en août • €€€.*

El Jardí
Dans l'un des endroits les plus jolis de Barcelone, El Jardi sert une cuisine délicieuse et légère – soupes, salades et crêpes. ⊗ *C.de Hospital • plan K3 • ferm. lun. • €.*

Imprevist
Un café-restaurant créé par des artistes dans un vieil entrepôt, une cuisine très internationale. ⊗ *C/Ferlandina 34 • plan J2 • 93 342 58 59 • ferm. à midi • €€€.*

Mama Cafè
Ce café-restaurant sert une cuisine méditerranéenne bio et végétarienne. Projection d'œuvres d'art contemporain sur les murs. ⊗ *C/Doctor Dou 10 • plan L2 • 93 301 29 40 • ferm. dim. et à midi en août • €€€.*

Fonda de España
Sous un plafond moderniste signé Domènech i Montaner, on déguste une fine cuisine catalane. Le canard à l'orange et au *cava* est un délice. ⊗ *Hotel España, c/Sant Pau 9-11 • plan L4 • 93 318 17 58 • €€€€.*

L'Havana
On y mange une délicieuse cuisine catalane à base de produits frais. Nous vous conseillons le poisson du jour. ⊗ *C/Ferlandina 24 • plan K2 • 93 302 21 06 • €€.*

Informations sur la cuisine et les restaurants **p. 138**

Gauche **Palau nacional** Droite **Estadi olímpic**

Montjuïc

Baptisée le « mont juif » en raison d'un grand cimetière juif établi ici au Moyen Âge, cette colline est aujourd'hui un immense parc qui s'élève à 213 m au-dessus de la mer. Elle a d'abord été aménagée pour l'Exposition universelle de 1929, à l'occasion de laquelle l'imposant Palau nacional et le très moderne pavillon Mies van der Rohe ont été construits. Durant la décennie suivante, la colline est laissée à l'abandon. Le château a servi pendant des années de sinistre terrain de tir aux pelotons d'exécution de Franco. À l'occasion des jeux Olympiques de 1992, qui se déroulèrent sur sa pente sud, le Montjuïc est complètement réhabilité. Aujourd'hui, la colline est une agréable oasis verte qui compte deux fabuleux musées d'art, le museu nacional d'Art de Catalunya et la fondacio Joan Miró, et de grands équipements sportifs. Les sites sont reliés les uns aux autres par des escaliers mécaniques extérieurs et par de paisibles jardins aménagés d'où l'on a une magnifique vue sur Barcelone. La colline de Montjuïc est aujourd'hui une étape touristique inévitable, à l'écart de l'agitation de la ville.

Statue, castell de Montjuïc

Les sites

1. Palau nacional et museu nacional d'Art de Catalunya
2. Fundació Joan Miró
3. Font Màgica
4. Castell de Montjuïc
5. Estadí olímpic
6. Teatre grec
7. Palau Sant Jordi
8. Pavelló Mies van der Rohe
9. Poble Espanyol
10. Caixa Forum

Un peu d'histoire **p. 30-31**

Fontaines et cascades, Palau nacional

1 Palau nacional et museu nacional d'Art de Catalunya

Le Palau nacional, construit dans un style néoclassique, abrite le museu nacional d'Art de Catalunya qui réunit une collection d'art médiéval catalan. La partie consacrée à l'art roman est unique en Europe. On peut y voir une extraordinaire série de fresques du XIIᵉ s. retrouvées dans des églises des Pyrénées catalanes (p. 18-19).

2 Fundació Joan Miró

Joan Miró (1893-1983) est un des artistes les plus représentatifs de la Catalogne. Il a donné à la fondation, créée à son initiative, la plupart des 11 000 œuvres qu'elle compte. Son ami l'architecte Josep Lluis Sert a construit un beau bâtiment blanc qui abrite aujourd'hui la plus grande collection au monde des œuvres de l'artiste ; 25 nouvelles pièces ont récemment rejoint la superbe collection (p. 22-23).

3 Font màgica

Sous les fontaines et cascades qui descendent du majestueux Palau nacional, la « fontaine magique » conçue par Carles Buigas pour l'Exposition universelle de 1929 offre un fascinant spectacle son et lumière. Une chorégraphie règle les innombrables jets qui s'unissent en un jet unique haut de 15 m. Le final est souvent accompagné de l'hymne *Barcelona* chanté par Freddie Mercury et Montserrat Caballé : la fontaine passe du rose au vert, puis redevient blanche avant de s'évanouir en silence. ✆ *Av. de la Reina Maria Cristina • plan B4 • mai-sept. jeu.-dim. 21h30-23h30 toutes les 30 min. env. ; oct.-avr. ven.-sam. 19h-20h30 toutes les 30 min. • EG • AH.*

Castell de Montjuïc

4 Castell de Montjuïc

Dominant la colline de Montjuïc, ce sombre château était une prison et un centre de torture pour les détenus politiques. À la fin de la guerre civile, 4 000 nationalistes catalans et républicains furent fusillés dans la fossar de la Pedrera. C'est aujourd'hui un espace verdoyant surmonté d'épais murs. L'avenir sera plus riant puisque le château va accueillir un centre international pour la paix. En attendant, les visiteurs peuvent admirer la vue sur le port. ✆ *C/Castell • plan B6 • ouv. mar.-dim. • EG.*

➡ Le funiculaire relie la station de métro Paral-lel à la Fundació Joan Miró et au téléphérique qui monte au castell de Montjuïc.

Estadi olímpic

5 Le stade olympique a été construit en 1936 pour les Olympiades des travailleurs qui furent finalement annulées à cause de la guerre civile *(p. 31)*. Il a été entièrement reconstruit pour les jeux Olympiques de 1992 *(p. 31)* ; seule la façade néoclassique a été conservée. Aujourd'hui, l'Estadi olímpic est le stade de l'équipe de football RCD Espanyol *(p. 61)*. À côté, le Museu olímpic i de l'Esport est un intéressant musée interactif dédié à tous les sports. ✆ *Av. de l'Estadi • plan B5 • ouv. mar.-sam. 10h-18h (20h avr.-sept.), dim. 10h-14h • EG • AH.*

Teatre grec

6 Ce bel amphithéâtre *(p. 66)* est une référence très claire à l'Antiquité, thème cher au Noucentisme, un mouvement artistique et politique né au début du XXe s. en Catalogne. Un cadre de feuillages verts et de beaux jardins : c'est un lieu enchanteur pour voir *Le Lac des cygnes* ou tout autre grand ballet classique ou pour écouter du jazz. L'été, l'amphithéâtre accueille les spectacles du Festival del Grec *(p. 65)*, ainsi qu'un luxueux restaurant en plein air. ✆ *Pg Santa Madrona • plan C4 • ouv. 10h-crépuscule • EG (en dehors des spectacles).*

Palau Sant Jordi

7 Ce stade couvert, construit en verre et en acier, d'une capacité de 17 000 places *(p. 66)*, a été conçu par l'architecte Arata Isozaki. L'esplanade, une incroyable forêt de colonnes de béton et de métal, est l'œuvre d'Aiko Isozaki, l'épouse de l'architecte. C'est ici que joue l'équipe de basket barcelonaise *(p. 61)*. Toujours sur la colline, mais un peu plus bas, se trouvent les piscines intérieure et extérieure Bernat Picornell *(p. 60)*, ouvertes au public. ✆ *Av. de l'Estadi • plan A4 • ouv. sam.-dim. 10h-18h (20h mai-sept.) • EG • AH.*

Palau Sant Jordi

Pavelló Mies van der Rohe

8 Un joyaux d'architecture moderne, tout de pierre, de marbre et d'onyx, au milieu des bâtiments monumentaux de Montjuïc… Le pavillon conçu par Ludwig Mies van der Rohe (1886-1969) représenta l'Allemagne à l'Exposition universelle de 1929. Très en avance sur son temps, il fut vite démonté. Sa reconstruction en 1986 est le résultat d'une prise de conscience de son importance dans l'histoire de l'architecture

Chaises de Barcelone, pavelló Mies van der Rohe

Embarquez sur le Montjuïc Bus qui fait l'aller-retour de la plaça de Espanya au sommet de la colline (avr.-oct.).

Poble Espanyol

moderne. À l'intérieur, la statue *Le Matin* de Georg Kolbe (1877-1947) se reflète dans un bassin.
⊗ *Av. Marquès de Comillas • plan B4 • ouv. t.l.j. 10h-20h • EP.*

9 Poble Espanyol

Dans ce « village » (*poble*), des rues et des bâtiments typiques de toutes les régions espagnoles ont été reconstruits en taille réduite. Le village est devenu un centre d'art et d'artisanat. Il y a de nombreux restaurants et cafés, et même des night-clubs ultrabranchés (p. 95). ⊗ *Av. Marquès de Comillas • plan A3 • ouv. lun. 9h-20h, mar.-jeu. 9h-14h, ven. 9h-16h, sam. 9h-17h, dim. 9h-minuit • EP.*

10 Caixa Forum

Une usine textile rénovée par l'architecte moderniste Puig i Cadafalch, abrite la collection d'art contemporain de la fundació La Caixa. Commencée en 1985, cette collection rassemble quelque 800 œuvres d'artistes espagnols et étrangers, présentées en alternance avec des expositions temporaires.
⊗ *Av. Marquès de Comillas • plan B3 • ouv. mar.-dim. 10h-20h • EG • AH.*

Une journée à Montjuïc

Le matin

🕐 Visitez la **fundació Joan Miró** (p. 22-23) avant la foule : prenez tôt le funiculaire qui part de la station de métro Paral-lel. Prévoyez 1 h 30 pour découvrir l'immense collection de peintures, esquisses et sculptures du grand peintre. Une fois repu d'art contemporain, c'est l'heure de prendre un *cafè amb llet* (p. 43) à la terrasse du restaurant, avant de redescendre l'avinguda de Miramar pour emprunter le téléférique qui monte au **castell de Montjuïc** (p. 89). Baladez-vous dans ses jardins et profitez de la vue sur la ville. Retournez en téléférique à l'avinguda de Miramar et suivez les panneaux indiquant le **Palau nacional** (p. 89). À l'intérieur du musée se trouve l'élégant Oleum, un restaurant offrant de délicieuses spécialités catalanes (p. 95).

L'après-midi

Comptez une heure pour visiter l'extraordinaire collection d'art roman du **MNAC** (p. 18-19). En sortant, prenez à droite et suivez les panneaux indiquant les installations olympiques. L'**estadi olímpic** mérite une visite, le dôme argenté du **palau de Sant Jordi** également. Terminez l'après-midi en vous rafraîchissant avec une baignade dans la magnifique piscine en plein air Bernat Picornell (p. 60), à proximité du stade. Vous pourrez peut-être même y voir un film ! Le **Poble Espanyol** est à deux pas. Pour finir la journée, installez-vous à une des terrasses de la plaça Mayor et dégustez un *cuba libre*.

Pages suivantes **Devant d'autel du XIIIᵉ s., Museu nacional d'Art de Catalunya**

PAR· BALTASAR· MELCHIOR·

Gauche **Jardins Mossèn Jacint Verdaguer** Droite **Jardins del Castell**

Parcs et jardins

1 Jardins Mossèn Costa i Llobera
Un des plus grands jardins de cactus d'Europe, impressionnant surtout au coucher du soleil quand des silhouettes et des ombres irréelles surgissent. ✎ Plan C5.

2 Jardí botànic
Ces jardins sauvages abritent des centaines d'espèces de la Méditerranée. En plus, la vue sur la ville est magnifique. ✎ Plan A4 • ouv. fév., mars, oct. : t.l.j. 10h-18h ; avr., mai, sept. : t.l.j. 10h-19h ; juin-août : t.l.j. 10h-20h ; nov.-janv. : t.l.j. 10h-17h • EP (gratuit dern. dim. du mois et tous les dim. à partir de 15h).

3 Jardins Mossèn Jacint Verdaguer
La meilleure saison pour visiter ces jardins très raffinés est le printemps, à la floraison. ✎ Plan C5.

4 Jardins del Castell
Dans les jardins du château, des sentiers longent les douves recouvertes de fleurs et, entre les rosiers, des canons pointent leur nez. ✎ Plan B5.

5 Jardins del Teatre grec
Officiellement baptisés la Rosaleda, les jardins de l'amphithéâtre grec sont une pure merveille. ✎ Plan C4.

6 Jardins de Miramar
En face du belvédère de Miramar, ces vastes jardins entrecoupés d'escaliers mènent à de jolis bosquets d'où la vue est superbe. ✎ Plan C5.

7 Jardins Laribal
Ce parc sur plusieurs niveaux cache une petite maison moderniste de Puig i Cadafalch et la font de Gat, une fontaine d'eau potable. ✎ Plan B4.

8 Jardins de Joan Maragall
L'attrait de ces jardins réside dans l'allée bordée de statues de Frederic Marès et Ernest Maragall. Ils abritent aussi les derniers *ginjoler* (jujubiers) de la ville. ✎ Plan B4 • ouv. sam.-dim. 10h-15h.

9 Muntanya de Montjuïc
Le flanc sud de Montjuïc est la seule partie non aménagée de la colline. D'innombrables sentiers secrets traversent une nature encore sauvage. ✎ Plan A5.

10 Mirador del Llobregat
Ce belvédère entouré de petits jardins est le seul endroit de Barcelone d'où l'on peut voir la plaine du Llobregat. ✎ Plan A3 • AH.

Sauf indication contraire, les parcs et les jardins sont ouverts de 10 h au crépuscule.

Intérieur du Font de Prades

🔟 Restaurants, bars et discothèques

1 Oleum
Une cuisine méditerranéenne raffinée sous le dôme du Palau nacional. Les vues sur la ville sont époustouflantes. ✆ *Palau nacional • plan B4 • 93 289 06 79 • ferm. lun. et le soir • AH • €€€*.

2 Brasserie Cañota
Une cuisine traditionnelle succulente à des prix très abordables, Cañota ne faillit pas à sa fantastique réputation. ✆ *C/Lleida 7 • plan C4 • 93 325 91 71 • AH • €€€€*.

3 Restaurant de la fundació Joan Miró
Ce restaurant possède une très belle terrasse avec vue sur les sculptures de Miró. La cuisine moderne a des accents italiens. ✆ *Parc de Montjuïc • plan B5 • 93 329 07 68 • ferm. le soir • AH • €€*.

4 Rias de Galicia
Dans un aquarium géant, crabes, homards et autres crustacés sont pêchés et aussitôt servis. ✆ *C/Lleida 9 • plan C4 • 93 424 81 52 • €€€€€*.

5 La Tomaquera
Une cuisine catalane bon marché. Arrivez tôt ou préparez-vous à attendre. ✆ *C/Margarit 58 • plan C4 • ferm. le soir dim., lun. août et sem. de Pâques • €€*.

6 El Lliure
Le théâtre de Lliure dispose d'un bon café et d'un restaurant de qualité. L'été, on peut manger sur la terrasse. ✆ *Passeig Santa Madronna 40-46 • plan B4 • ferm. lun. soir, sam. midi et dim. • €€€*.

7 La Terrazza
La techno règne dans cette discothèque très populaire qui occupe un manoir dans le style Baléares à l'intérieur du Poble Espanyol. ✆ *Poble Espanyol • plan A3 • ferm. dim., mi-oct.-mi-juin • EP*.

8 Font de Prades
De loin le meilleur restaurant du Poble Espanyol. ✆ *Poble Espanyol • plan A3 • 93 426 75 19 • ferm. lun., 3 sem. en janv. • €€€*.

9 Restaurant Forestier
Cet élégant restaurant bénéficie de vues merveilleuses sur le port et la ville. ✆ *Pl. Carlos Ibáñez 3 • plan C5 • 93 281 16 00 • €€€€*.

10 Quimet et Quimet
Dans cette petite bodega, on ne peut pas s'asseoir, mais les tapas sont savoureuses et les vins extraordinaires. ✆ *C/Poeta Cabanyes • plan C4 • 93 442 31 42 • ferm. sam. soir, dim. et août • €*.

Tous ces restaurants acceptent les cartes de paiement. L'entrée au Poble Espanyol est gratuite avec une réservation dans un restaurant.

Gauche **L'Aquàrium** Droite **Passerelle entre la Rambla et le moll d'Espanya**

Port Vell, Barceloneta et Port Olímpic

L e charme de la Méditerranée imprègne Barcelone, et il suffit d'un court
trajet en métro pour plonger dans des eaux bleues. Depuis 1992, la ville
est « oberta al mar », c'est-à-dire ouverte sur la mer. À l'occasion des jeux
Olympiques, le bord de mer a en effet été complètement transformé, et
les anciens terrains vagues et friches industrielles sont devenus des plages.
Sur des kilomètres, de l'ancien quartier de pêcheurs de Barceloneta jusqu'au
Port Olímpic, des tonnes de sable fin ont été transportées, des palmiers
plantés et des statues d'artistes contemporains élevées. La propreté des eaux
est désormais très surveillée. Le résultat est un véritable succès, comme
l'atteste la foule qui s'y presse. Le Port Olímpic est dominé par la silhouette
des deux premiers gratte-ciel construits à Barcelone : la torre Mapfre,
des bureaux, et l'hotel Arts, un 5 étoiles (p. 143). À leurs pieds se concentre
le plus grand nombre de bars et de discothèques de la ville.

Plage de Barceloneta

10 Les sites

1. Plages
2. Museu d'Història de Catalunya
3. Rambla de Mar
4. Aquàrium
5. Barceloneta
6. Bateaux et téléférique
7. Pailebot Santa Eulàlia
8. Sous-marin Ictíneo II
9. El Centre de la Vila-Port Olímpic
10. World Trade Center

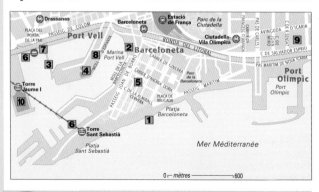

Informations sur les visites du port en bateau **p. 133**

1 Les plages

Une petite baignade ?
Descendez toute la Rambla,
passez sous les palmiers du moll
de la Fusta, puis devant tous les
restaurants du passeig Joan de
Borbó et vous arriverez au bord
de la mer. Plus de 4 km de
plages impeccables s'étirent de
Barceloneta au Port Olímpic et
au-delà. Les plages, surveillées,
sont bien équipées : douches,
transats et filets de beach volley.
Mais le plaisir doit être partagé :
il est difficile parfois de se faire
une place parmi les corps huilés,
surtout en plein été. ❂ *Plan E6.*

Museu d'Història de Catalunya

2 Museu d'Història de Catalunya

Le palau del Mar, un ancien
entrepôt du port, abrite
maintenant un musée qui
retrace l'histoire de la Catalogne,
de la préhistoire à nos jours.
Les enfants *(p. 63)* apprécieront
tout particulièrement les
expositions interactives.
On visite, par exemple, un
bunker de l'époque de la guerre
civile et un bar catalan typique
des années 1960 avec son
futbolín (baby-foot). ❂ *Palau del Mar,
pl. Pau Vila 3 • plan N6 • ouv. mar.-sam.
10h-19h (20h mer.), dim. 10h-14h30 • EP
4 € (gratuit 1er dim. du mois) • AH.*

3 Rambla de Mar

Baladez-vous
sur la Rambla
de Mar, le ponton
en bois qui mène
au Maremagnum.
Ce complexe rutilant
abrite des boutiques,
des fast-foods, des
restaurants et des
bars. Un peu plus
loin, l'immense salle
IMAX projette sur
des écrans géants
des films de nature,

d'aventure ou de sport, en 3D.
❂ *Moll d'Espanya • plan E5* ❂ *Maremagnum • magasins ouv. t.l.j. 10h-22h,
restaurants ouv. t.l.j. jusqu'à 1h, bars et
clubs ouv. t.l.j. jusqu'à 4h30.* ❂ *IMAX,
séances t.l.j. 12h20-22h25 • EP • AH.*

4 Aquàrium

Cet aquarium, un des
plus grand d'Europe, propose
un face-à-face avec les nombreux
animaux de la Méditerranée.
Sa grande attraction est
un tunnel sous-marin long
de 80 m : sur un tapis roulant,
on découvre des profondeurs
inconnues et traversées
par d'inquiétants requins.
Récemment aménagé,
le niveau « Explora ! » est une
exposition interactive sur les
écosystèmes méditerranéens.
❂ *Moll d'Espanya • plan E6
• ouv. juil.-août : t.l.j. 9h30-23h ;
sept.-juin : t.l.j. 9h30-21h30 • EP.*

Yachts, Port Olímpic

*Le café situé sur le toit du museu d'Història de Catalunya offre
un vaste panorama sur la ville, le quartier du port et Montjuic.*

5 Barceloneta

Le quartier des *pescadors* (pêcheurs) et des *mariners* (marins) est aujourd'hui encore à des années-lumière du gigantisme commercial et des paillettes des discothèques du Port Olímpic voisin. En vous perdant dans ses rues étroites, sur ses placettes et dans

Yachts et gratte-ciel, Port Olímpic

ses vieux bars, vous aurez un aperçu du Barcelone d'il y a 150 ans. Ici, les anciens tirent toujours leur chaise dans la rue pour regarder passer les gens tout en parlant. Les petits restaurants proposent un *menú del dia* qui comprend invariablement la pêche du jour. Le long du passeig Joan de Borbó s'alignent d'autres restaurants servant *marisc* (coquillages) et paellas. Plan F5.

6 Bateaux et téléphérique

Observez l'activité du port de la mer ou du ciel ! Le *Transbordador Aeri* offre des vues aériennes de Barcelone,

Dans le quartier de Barceloneta

tandis que les *golondrines* à l'ancienne et le catamaran Orsom vous embarquent pour une croisière autour du port. Teleféric, depuis la torre Jaume I et la torre San Sebastià • plan D6 et E6 • EP. Les Golondrines, portal de la Pau • plan E5 • toutes les 30 min dès 11h30 • 93 442 31 06 • EP. Orsom Catamaran, portal de la Pau • plan E5 • 93 441 05 37 pour les horaires • mars-oct. 12h-20h • EP • AH.

7 Pailebot Santa Eulàlia

Ce trois-mâts arrimé au moll de la Fusta (« quai des Bois ») transportait autrefois à Cuba du sel et des tissus et revenait chargé de tabac, de café, de céréales et de grumes. Baptisé *Carmen Flores,* il a fait voile pour la première fois en 1918, depuis l'Espagne. En 1997, le Museu marítim *(p. 81)* l'achète et le restaure pour l'ajouter à sa collection de vieux gréements en état de naviguer. moll de la Fusta • plan L6 • ouv. lun.-ven. 12h-19h (sam. et dim. 12h-19h30.) • EP.

8 Sous-marin Ictíneo II

En 1859, le Catalan Narcís Monturiol invente un des premiers sous-marins : un engin de bois en forme de poisson, mû par deux moteurs à vapeur internes et initialement conçu pour récolter le corail. On peut en voir une réplique sur le moll d'Espanya. Il est aujourd'hui difficile de croire que Monturiol fit plusieurs voyages sous la mer à bord d'une version antérieure. L'*Ictíneo* finira par ruiner son créateur :

Informations sur les croisières et les téléphériques p. 133

Monturiol chercha même à le vendre à l'armée qui n'en voulut pas. Le sous-marin a finalement été vendu en morceaux ! ⊗ *Moll d'Espanya • plan E5.*

9 El Centre de la Vila-Port Olímpic

Ce grand centre commercial abrite de nombreux magasins, des cafés et des fast-foods, mais, surtout, les salles du Icària Yelmo Cineplex *(p. 67)*, un des plus grands cinémas de Barcelone projetant des films en VO. ⊗ *Salvador Espriu 61 • plan H5 • magasins ouv. lun.-sam. 10h-22h.*

Pailebot Santa Eulàlia

10 World Trade Center

Ce grand édifice circulaire renferme des bureaux et des salles de conférences, un hôtel 5 étoiles et le restaurant de luxe Ruccula. Il abrite aussi plusieurs boutiques de souvenirs dont la Galeria Surrealista qui vend des objets inspirés de Dalí et des surréalistes. Dans la cour centrale, laissez-vous surprendre par la fontaine. La torre Jaume I, située juste à côté, est le point de départ du téléphérique. Du toit, la vue est splendide. ⊗ *Moll de Barcelona • plan D6 • AH.*

À la découverte du port

Le matin

🕐 Commencez votre *passeig* (balade) par la visite du **Museu marítim** *(p. 81)*, magnifique témoignage de la puissance maritime de la ville par le passé. De là, dirigez-vous vers le monument a Colom *(p. 12)*, et empruntez le moll de la Fusta. Admirez le **pailebot Santa Eulàlia**, magnifiquement restauré. Descendez la **Rambla de Mar** *(p. 97)*, et suivez le ponton représentant les vagues de la mer, qui vous conduira aux mirages du grand centre commercial Maremagnum. Une fois sur le quai, embarquez sur le **catamaran Orsom** : allongé sur un filet au ras de l'eau, prenez un verre et grignotez en profitant du soleil et de la vue sur le port. Après, descendez le moll d'Espanya et rejoignez la **Barceloneta**, le vieux quartier de pêcheurs. Parcourez les ruelles de cet îlot qui n'a pas changé. Vous retrouverez l'ambiance du vieux Barcelone dans le bar à tapas **El Vaso de Oro** *(c/Balboa 6)*. Installez-vous au bar et n'oubliez pas de commander les spécialités de la maison.

L'après-midi

Si vous avez envie d'une petite sieste, suivez le passeig Joan de Borbó pour rejoindre la plage. Plus tard, piquez une tête, puis reprenez le passeig Joan de Borbó et arrêtez-vous au **Salamanca Chiringuito** (tout au bout) : commandez une sangria, puis enfouissez vos orteils dans le sable, regardez les vagues caresser la plage tandis que le soleil descend à l'horizon.

➤ *Sur le passeig Marítim, on ne peut pas manquer le Peix, la scintillante sculpture monumentale de Frank Gehry* **p. 41**

Gauche **Club Catwalk** Droite **Razzmatazz**

⚙10 Bars et discothèques

1 Club Catwalk
Ce club parmi les plus chauds de la ville est installé sur deux niveaux : celui du bar – avec une terrasse – et celui pour danser. Musique hip hop, R'n'B, house et électronique. ◉ *Ramón Trías Fargas 2-4 • plan G6 • ferm. lun.-mer. • AH • EP.*

2 CDLC
Ce restaurant qui se transforme en club après le dîner se situe au bord de la plage. Chaque semaine, un DJ est invité. ◉ *Passeig Marítim de la Barceloneta 32 • plan G6.*

3 Bar Jai Ca
La télé est à fond et les enfants courent autour des tables, un bar familial avec des tapas délicieuses. ◉ *C/Ginebra 13 • plan F5 • 93 319 50 02.*

4 Kennedy Irish Sailing Club
Tous les soirs, ce bar irlandais programme un concert rock ou pop. ◉ *Moll Mistral 26-27 • plan G5 • ferm. lun.*

5 Arola
Ce bar d'été de l'hôtel Arts propose d'immenses sofas blancs couverts de coussins de soie, une musique mixée par des DJ et des cocktails parfaits. ◉ *C/Marina 9-21 • plan G5 • 93 483 80 90.*

6 Le Kasbah
Situé à l'intérieur du palau del Mar, ce bar décoré dans le style mauresque propose une musique house dans un décor tamisé ; une véritable oasis. ◉ *Plaça de Pau Vila 1 • plan F5 • ferm. lun.*

7 Bars de plage de Nova Mar Bella
Essayez les bars de plage (*xiringuitos*) de la nouvelle plage de Barcelone. La musique est à fond. ◉ *Platja Nova Mar Bella.*

8 Sky Line Terrazza
Ce bar, sur un toit qui domine le port de Barcelone, offre une vue spectaculaire sur la mer. ◉ *Hotel 54, passeig Joan de Borbó • plan F6 • 93 225 00 54.*

9 Shôko
Restaurant japonais le jour, ce club en bord de mer propose toutes sortes de musiques dans un cadre très agréable. ◉ *Passeig Marítim de la Barceloneta 34 • plan E6 • ferm. lun.-mer.*

10 Razzmatazz
Plusieurs soirs par semaine, ce club branché accueille des concerts allant du jazz au rock ; cinq espaces différents selon chaque type de musique, le Razz Club, Loli. ta et le Loft. ◉ *C/Almogàvers 122 (The Loft : c/Pamplona 88) • plan H4 • Razza Club et Loft ferm. dim.-jeu.*

➤ *Vie nocturne, les meilleures adresses* p. 46-47

Agua

Catégories de prix

Pour un repas avec entrée, plat et dessert, une demi-bouteille de vin, taxes et service compris.

€ Jusqu'à 15 €
€€ De 15 à 25 €
€€€ De 25 à 35 €
€€€€ De 35 à 45 €
€€€€€ Plus de 45 €

TOP 10 Restaurants et bars à tapas

1 Set Portes
Depuis 1836, on sert ici une des meilleures cuisines catalanes de la ville. Essayez la copieuse paella. ◈ *Pg Isabel II 14* • *plan N5* • *93 319 30 33* • *AH* • *€€€€€.*

2 Agua
On voit la mer depuis la grande terrasse de ce restaurant. Au menu, délicieux fruits de mer et spécialités méditerranéennes. ◈ *Pg Marítim 30* • *plan G6* • *93 225 12 72* • *AH* • *€€€€.*

3 Can Manel la Puda
Dans ce restaurant du *passeig*, la pêche du jour se transforme en une délicieuse cuisine catalane. ◈ *Pg Joan de Borbó 60-61* • *plan F6* • *93 221 50 13* • *ferm. lun.* • *€€€.*

4 Somorrostro
Un restaurant élégant dont l'un des menus, à base de produits frais, change chaque jour. ◈ *Sant Carles 11* • *plan F6* • *93 225 00 10* • *ferm. à midi sauf dim., mar.; 3 sem. en janv.* • *€€€.*

5 Kaiku
Le restaurant est réputé pour ses fruits de mer, notamment l'*arros del xef* (riz du chef). ◈ *Plaça del Mar 1* • *plan E6* • *93 221 90 82* • *€€€€.*

6 Restaurant du Reial Club Marítim
L'établissement du yacht club offre une vue sur le port et une carte haut de gamme à base de fruits de mer. ◈ *Moll d'Espanya* • *plan E6* • *93 221 62 56* • *ferm. dim. soir* • *€€€€€.*

7 Can Ganassa
Ce bar familial un peu démodé sert aux habitués des tapas au poisson et aux fruits de mer. ◈ *Pl. de la Barceloneta 4-6* • *plan F6* • *93 225 75 86* • *€.*

8 Merendero de la Mari
Dans les jardins du palau del Mar, le restaurant propose des fruits de mer et l'une des meilleures paellas de Barcelone. ◈ *Plaça Pau Villa, 1* • *plan F6* • *93 221 31 41* • *€€€€.*

9 Suquet de l'Almirall
Inoubliables *arroz de barca* (riz aux moules, au crabe et aux calmars) et *suquet* (ragoût de fruits de mer et de pommes de terre) ! Un restaurant familial. ◈ *Pg Joan de Borbó 63* • *plan F6* • *93 221 62 33* • *ferm. dim. soir, lun. et 3 sem. en août.* • *AH* • *€€€€€.*

10 Lluçanès
Dans le marché municipal rénové, le très médaillé Lluçanès sert une exquise cuisine catalane dans un décor contemporain. ◈ *Plaça de la Font* • *plan F6* • *92 224 25 25* • *€€€€.*

Sauf indication contraire, tous les restaurants acceptent les cartes de paiement. Informations sur la cuisine et les restaurants **p. 138**

Gauche **Fontaine, Rambla de Catalunya** Droite **Entrée d'un hôtel moderniste**

Eixample

*S*i la vieille ville est le cœur de Barcelone et les vertes collines du Tibidabo
et de Montjuïc ses poumons, l'Eixample est sans aucun doute son centre
nerveux, son pôle économique et commercial. Le quartier commence
à prendre forme en 1860 quand on abat l'enceinte médiévale (p. 30) pour
étendre la ville. Tracé selon les plans de l'ingénieur catalan Ildefons Cerdà,
l'Eixample, le nouveau quartier, suit un quadrillage rigoureux. La haute
bourgeoisie barcelonaise demande ensuite aux architectes modernistes
d'y construire des immeubles. L'Eixample s'orne ainsi, au début du xxe s.,
d'audacieuses façades aujourd'hui encore admirées par les étudiants en
architecture et les touristes. C'est un quartier chic où l'on trouve de charmants
cafés, de belles boutiques de design, de très bons
restaurants ainsi que de nombreux bars et
discothèques branchés.

TOP 10 Les sites

1. Sagrada Família
2. Pedrera
3. Mansana
   de la Discòrdia
4. Hospital de la Santa Creu
   i de Sant Pau
5. Fundació Tàpies
6. Palau Macaya
7. Fundació Francisco Godia
8. Rambla de Catalunya
9. Universitat de Barcelona
10. Museu egipci

Flèches de la Sagrada Família

Autres bâtiments modernistes **p. 32-33**

1 Sagrada Família

La magie architecturale de Gaudí s'exprime pleinement dans cette église incroyable, merveilleuse et folle qui domine les toits de Barcelone (*p. 8-10*).

2 Pedrera

Audacieux et fantaisiste, la Pedrera est l'édifice civil le plus frappant de Gaudí (*p. 20-21*).

3 Mansana de la Discòrdia

Au cœur du *Quadrat d'Or* (Carré d'Or), le « Bloc de la Discorde » doit son surnom au contraste saisissant qu'offre l'architecture de trois édifices modernistes. Entre 1900 et 1907, trois familles bourgeoises rivalisent en commandant chacune une résidence aux trois architectes modernistes concurrents : Domènech i Montaner, Puig i Cadafalch et Gaudí. Domènech i Montaner dessine la casa Lleó Morera, à la décoration très riche (*p. 33*) ; Puig i Cadafalch conçoit la casa Amatller, dans un style néogothique (*p. 33*) ; et Gaudí déploie tout son talent pour la casa Batlló (*p. 33*). Toutes les trois ont des intérieurs splendides ; le vestibule de la casa Amatller est fermée au public. Aux nos 37

Fenêtres de la casa Batlló, mansana de la Discòrdia

et 39, deux villas moins célèbres méritent un détour. Le n° 39 abrite le musée du Parfum qui ravira les amateurs de fragrances (*p. 41*). ❧ *Pg de Gràcia 35-45 • plan E2.*

4 Hospital de la Santa Creu i de Sant Pau

Cet hôpital toujours en service a été commencé par Domènech i Montaner et achevé par son fils. Ce chef-d'œuvre est un ensemble de plusieurs pavillons reliés les uns aux autres par des tunnels souterrains. Chaque pavillon, unique, évoque l'histoire de la Catalogne à travers des peintures murales, des mosaïques et des sculptures. Les jardins qui entourent les bâtiments constituent un merveilleux espace de verdure. Cours et jardins sont accessibles au public et font partie de la Ruta modernista (p. 133). ❧ *C/Sant Antoni Maria Claret 167 • plan H1.*

Gauche **Hospital de la Santa Creu i de Sant Pau** Droite **Casa Lleó Morera**

Informations sur Antoni Gaudí **p. 11**

Cour intérieure du palau Macaya

Fundació Tàpies

5 Cette fondation est consacrée à Antoni Tàpies (né en 1923), l'un des plus grands artistes contemporains catalans. Elle occupe le premier bâtiment moderniste construit par Domènech i Montaner *(p. 32)*. Le toit du musée est surmonté d'une de ses sculptures *Nuage et Chaise* (1990). La collection, qui compte plus de 300 œuvres, est très représentative de son travail. Ne manquez pas ses peintures abstraites, notamment *Ocre gris sur brun* (1962). La fondation accueille aussi des expositions temporaires d'art contemporain. Mario Herz, Hans Hacke et Craigie Horsfield ont exposé ici récemment. ✆ *C/Aragó 255 • plan E2 • 93 487 03 15 • ferm. pour restauration.*

Palau Macaya

6 Conçu par Puig i Cadafalch (1901), ce palais est un bel exemple de l'influence gothique dans l'architecture moderniste. Sa façade, blanche, très décorée et surmontée de deux tours, est féerique. Remarquez le travail du sculpteur moderniste Eusebi Arnau. Le palais appartient au centre culturel de la Caixa, mais il est fermé en ce moment. ✆ *Pg Sant Joan 108 • plan F2.*

Ildefons Cerdà

En 1859, la municipalité adopte le projet d'Ildefons Cerdà pour la ville « neuve », un plan d'expansion de Barcelone. Animé d'un idéal socialiste, Cerdà prévoit de tracer des îlots carrés de même taille et d'y construire, autour d'une cour-jardin, des immeubles identiques. Mais les promoteurs se mêlent du projet et transforment les cours-jardins en entrepôts et ateliers. Aujourd'hui ces espaces verts sont en cours de réhabilitation.

Fundació Francisco Godia

7 Connu pour ses prouesses de pilote de Formule 1, Francisco Godia (1921-1990) était aussi un passionné d'art et un collectionneur averti. Il a rassemblé une belle collection d'œuvres allant du Moyen Âge au XXe s. qui constitue le fonds du musée. Remarquez notamment le retable de sainte Marie-Madeleine (v. 1445), de Jaume Huguet, ainsi que les céramiques du XVIIe s. réalisées par le peintre espagnol Luca Giardano. ✆ *C/Disputacio 250 • plan E3 • 93 272 31 00 • ouv. t.l.j. 10h-20h. • EP.*

Nuage et Chaise, sculpture, fundació Tàpies

8 Rambla de Catalunya

Prolongement chic de la célèbre Rambla, cette avenue est bordée de beaux immeubles et de très belles boutiques *(p. 51)*. Les nombreuses terrasses de cafés, où l'on peut profiter de l'ombre des arbres, sont le lieu idéal pour prendre un verre en regardant les passants. Au n° 77, ne manquez pas la farmacià Bolos qui possède une jolie façade moderniste. ✪ *Plan E2*.

Patio, universitat de Barcelona

9 Universitat de Barcelona

Jusqu'en 1958, c'était la seule université de la ville. Aujourd'hui, Barcelone en compte six. Le bâtiment de l'université (1861-1889) s'étend sur l'équivalent de deux îlots d'immeubles de l'Eixample. À l'intérieur, les patios offrent un refuge frais pendant la canicule de l'été. ✪ *Pl. de la Universitat • plan E3.*

10 Museu egipci

Le plus grand musée d'égyptologie d'Espagne rassemble plus de 350 pièces couvrant plus de 3 000 ans d'histoire : figures de terre cuite, momies d'êtres humains et d'animaux, et un buste de la déesse-lionne Sekhmet (700-300 av. J.-C.). ✪ *C/València 284 • plan E2 • ouv. lun.-sam. 10h-20h, dim. 10h-14h • EP.*

Itinéraire moderniste

Le matin

🕙 Réveillez-vous avec un *cafè solo* au bar El Pato Loco (angle des rues Diputació et Aribau). Allez ensuite vous promener dans les jardins de l'**Universitat**.

💻 Dos à l'université, prenez la Gran Via de les Corts Catalanes sur la gauche, passez devant l'hotel Palace Barcelona I *(p. 143)* et tournez à droite dans la carrer Bruc. Prenez encore à droite dans la carrer Casp, où se trouve la **casa Calvet** *(p. 109)*, conçue par Gaudí. Continuez dans la carrer Casp jusqu'à ce que vous croisiez le passeig de Gràcia. Tournez de nouveau à droite et poursuivez votre chemin jusqu'aux magnifiques bâtiments de la **Mansana de la Discòrdia** *(p. 103)*. Visitez le **museu del Perfum** *(p. 41)* puis la parfumerie **Regia** *(p. 106)*. Plus loin dans le passeig de Gràcia, admirez la **Pedrera** *(p. 20-21)*, chef-d'œuvre de Gaudí. Arrêtez-vous au **Tragaluz** *(p. 109)*, passeig de la Concepció, où l'on peut manger en compagnie de la jet-set sans se ruiner.

L'après-midi

Reprenez le passeig de Gràcia, à gauche, puis tournez à droite dans l'avinguda Diagonal. Au n° 416, admirez la **casa de les Punxes** *(p. 33)*. Faites un détour par le n° 28 du passeig Sant Joan, à gauche, pour visiter le **palau Macaya** *(p. 104)*. Revenez sur vos pas et tournez à gauche dans la carrer Mallorca qui mène à la **Sagrada Família** *(p. 8-10)*. Admirez la façade la Nativité avant de grimper en haut des tours ; la vue sur la ville y est superbe.

Gauche **Luminaire, Dos i Una** Centre **Passeig de Gràcia** Droite **Mobilier, Vinçon**

Boutiques de design

1 Vinçon
Du mobilier et des objets merveilleusement dessinés par les meilleurs designers espagnols, le tout exposé dans un appartement bourgeois du début du siècle, époustouflant ! ✆ Pg de Gràcia 96 • plan E2.

2 Appartement
Un vaste magasin tout en blanc avec des meubles superbes et des objets – lampes, sacs ou tee-shirts – à des prix raisonnables. ✆ C/Enric Granados 44 • plan E2 • ferm. dim. et lun.

3 Regia
La plus grande parfumerie de la ville propose plus de 100 fragrances, toutes les grandes marques mais aussi des surprises. Le museu del Perfum (p. 41) est dans le même bâtiment. ✆ Pg de Gràcia 39 • plan E2.

4 Dos i Una
Sol métallique et couleurs psychédéliques : cette boutique de design vend toutes sortes d'objets typiques. Idéal pour faire un cadeau. ✆ C/Rosselló 275 • plan E2.

5 Muxart
Réputé pour la qualité de ses cuirs, ce magasin de chaussures équipe hommes, femmes et enfants. ✆ C/Rosselló 230 • plan E2.

6 Biosca & Botey
Cette boutique ultrachic ne vend que des lampes : Art nouveau, avant-gardistes et bien d'autres… ✆ Rambla de Catalunya 125 • plan E2 • AH.

7 Pilma
Cette boutique à vous couper le souffle vend de beaux meubles contemporains et des créations dernier cri de designers catalans. ✆ Av. Diagonal 403 • plan E1.

8 DBarcelona
Très large choix de gadgets et de cadeaux. C'est aussi un espace d'exposition pour les designers qui montent et ceux qui sont déjà connus. ✆ Av. Diagonal 367 • plan F2.

9 Kowasa
Cette librairie spécialisée dans la photo vend plus de 7 000 titres, dont des magazines étrangers. ✆ C/Mallorca 235 • plan E2 • AH.

10 Sadur
La propriétaire dessine et vend ses créations en cuir : porte-monnaie, sacs et divers objets-cadeaux. C'est classique, de bonne qualité et les prix sont plutôt raisonnables. ✆ C/Bruc 150 • plan F2.

Informations sur le shopping et les heures d'ouverture des magasins p. 139

Gauche **Lika Lounge** Droite **OmmSessions Club**

10 Sorties nocturnes

1 La Fira
Ce bar décoré avec des objets provenant d'anciennes fêtes foraines a beaucoup de succès. Commandez un *cuba libre* entre deux swings. Une ambiance et un cadre unique.
✆ *C/Provença 171 • plan D2 • ferm. lun. • EP.*

2 Lika Lounge
Ce bar à cocktails de style new-yorkais possède un bar glacé et fait les meilleurs Martini de la ville. DJ différent chaque soir.
✆ *Passatge de Domingo 3 • plan E2.*

3 Dry Martini
Bar classique et élégant où des barmans très habiles vous prépareront votre cocktail favori. Jazz d'ambiance. ✆ *C/Aribau 162 • plan D2.*

4 OmmSessions Club
Dans l'endroit le plus branché de la ville, la discothèque attire une clientèle jeune et internationale.
✆ *C/Rosselló 208 • plan E2.*

5 Velvet
Cet immense bar-discothèque est très populaire. La déco est somptueuse et le programme musical va d'Elvis à Abba.
✆ *C/Balmes 161 • plan E2 • EP.*

6 Luz de Gas
Moitié salle de concert, moitié bar, une adresse classique quand la soirée est déjà bien avancée. Tous les soirs, concerts de blues, de jazz ou de soul.
✆ *C/Muntaner 246 • plan D1 • AH.*

7 Ideal
Ce luxueux bar à cocktails a été ouvert dans les années 1950 par le légendaire barman José María Gotarda. Aujourd'hui, son fils tient le bar et vous propose plus de 80 sortes de whiskies.
✆ *C/Aribau 89 • plan D2 • ferm. dim.*

8 City Hall
Ce night-club populaire a deux pistes de danse. La musique va de l'électropop au drum'n'bass. ✆ *Rambla de Catalunya 2-4 • plan D3.*

9 Dietrich Gay Teatro Café
Ce bar gay branché avec un joli jardin intérieur accueille aussi les hétéros. Musique house et *garage*, chanteurs, trapézistes et acrobates. ✆ *C/Casanova 75 • plan D3.*

10 Les Gens que j'aime
Après un petit tour sur le paseo de Gràcia et sur la rambla Catalunya, c'est l'endroit idéal pour boire un verre au son d'une musique douce.
✆ *Valencia 286 • plan E2 • ouv. t.l.j. 18h-2h30 du matin (3h le w.-e.).*

Vie nocturne, les meilleures adresses **p. 46-47**

Gauche **Laie Llibreria Cafè** Droite **Casa Alfonso**

ⁱ⁰ Cafés

1 Laie Llibreria Cafè
Rendez-vous animé pour intellectuels avec presse étrangère, agréable terrasse et excellent menu. Jazz *live* (les jeudis). ◈ *C/Pau Claris 85 • plan E3 • ferm. dim. et lun. soir.*

2 Cafè del Centre
Ce serait le plus vieux café du quartier… L'intérieur en bois sombre n'a pas changé depuis un siècle. Un lieu sans prétention, idéal pour prendre un café tranquillement. ◈ *C/Girona 69 • plan F3 • ferm. à 21h.*

3 Casa Alfonso
Ce café a été fondé en 1929. C'est la meilleure adresse de la ville pour manger du *pernil* (jambon de Serrano). ◈ *C/Roger de Llúria 6 • plan F3 • ferm. dim.*

4 Cacao Sampaka
On y découvre des chocolats surprenants, au parmesan ou à l'huile d'olive. ◈ *C/Consell de Cent 292 • plan E3 • ferm. dim., le matin en août.*

5 Mauri
Une pâtisserie dans le quartier moderniste où vous vous régalerez d'une boisson chaude et d'un dessert succulent. ◈ *Rambla Catalunya 102 • plan E2 • ferm. dim. soir.*

6 Bar París
La terrasse ensoleillée de ce bar est toujours pleine d'étudiants. Ouvert 24h/24 et 7j/7, c'est le refuge des fêtards. ◈ *C/Paris 187 • plan D1.*

7 Palace Barcelona
Cet hôtel élégant occupe un bâtiment moderniste. Le jardin d'hiver est idéal pour le petit déjeuner et le grand salon parfait pour le thé. ◈ *Gran Via de les Cortes Catalanes 668 • plan F3 • AH.*

8 Bauma
Une clientèle hétérogène vient ici lire le journal ou fumer un havane avec un *carajillo* (café et cognac). ◈ *C/Roger de Llúria 124 • plan F2 • ferm. sam. • AH.*

9 Mantequería Ravell
Ce traiteur sert d'incroyables petits déjeuners sur une grande table commune. Essayez les œufs au foie gras. Vins, fromages et jambons de tradition sont aussi en vente. ◈ *C/Aragó 313 • plan F2 • ferm. lun. et sam. apr. 18h, mar. et mer. apr. 21h, dim.*

10 Tragarrapid
Une des adresses les plus chic de Barcelone. On y sert aussi bien des cafés que des tapas. ◈ *Ptge de la Concepció 5 • plan E2.*

108 *Informations sur la cuisine et les restaurants p.138*

Catégories de prix

Pour un repas avec entrée, plat et dessert, une demi-bouteille de vin, taxes et service compris.

€ Jusqu'à 15 €
€€ De 15 à 25 €
€€€ De 25 à 35 €
€€€€ De 35 à 45 €
€€€€€ Plus de 45 €

Casa Calvet

⑩ Restaurants et bars à tapas

1 Tragaluz
Les trois étages ont été décorés par la star du design Javier Mariscal. Le gotha barcelonais y vient pour savourer une cuisine méditerranéenne imaginative. 🕭 *Ptge de la Concepció 5 • plan E2 • 93 487 01 96 • €€€€€.*

2 La Semproniana
Aménagé dans une ancienne imprimerie, le restaurant propose les plats traditionnels catalans dans une version « nouvelle cuisine ». Essayez les surprenantes lasagnes au boudin. 🕭 *C/Rosselló 148 • plan E2 • 93 453 18 20 • ferm. dim. • €€€€ • AH.*

3 Cinc Sentits
Vos cinq sens vont être à la fête dans ce restaurant raffiné. Les classiques de la cuisine catalane sont revisités. 🕭 *C/Airbeau 53 • plan D2 • 93 323 94 90 • ferm. lun. soir, dim. • €€€€.*

4 L'Olivé
Une excellente cuisine régionale à des prix raisonnables. La meilleure adresse pour manger du pied de cochon, une spécialité catalane. 🕭 *C/Balmes 47 • plan E3 • 934 52 19 90 • ferm. dim. soir • €€€€€.*

5 Noti
Une cuisine méditerranéenne à se damner, une belle décoration et un bar à cocktails. 🕭 *C/Roger de Lluria 35-37 • plan F3 • 93 342 66 73 • ferm. sam. à midi et dim. • €€€ • AH.*

6 Casa Calvet
Une cuisine catalane très moderne, de bons vins et un espace signé Gaudí. 🕭 *C/Casp 48 • plan F3 • 93 412 40 12 • ferm. dim. • €€€€€ • AH.*

7 Moo
Tenu par deux frères, le restaurant sert une cuisine catalane créative préparée avec des produits frais 🕭 *C/Rosselló 265 • plan E2 • 93 445 40 00 • €€€€ • AH.*

8 Inopia
Des tapas traditionnelles dans ce restaurant situé dans un quartier résidentiel. 🕭 *C/Tamarit 104 • plan C3 • 93 424 52 31 • ferm. mar.-ven. midi, dim., lun. • €€ • AH.*

9 Cervecería Catalana
À deux pas de la rambla de Catalunya. On y sert d'excellentes tapas et un bon choix de bières. 🕭 *C/Mallorca 236 • plan E2 • 93 216 03 68 • €€€ • AH.*

10 Paco Meralgo
Ce bar à tapas moderne propose un menu gourmet avec des recettes de toute l'Espagne. 🕭 *C/Muntaner 171 • plan D1 • 93 430 90 27 • €€.*

Sauf indication contraire, tous les restaurants acceptent les cartes de paiement. Informations sur la cuisine et les restaurants p. 138

Gauche **Cloître du monestir de Pedralbes** Droite **Façade du monestir de Pedralbes**

Zona Alta, Tibidabo et Gràcia

La Zona Alta, comme son nom l'indique, occupe les hauteurs de la ville. Des rues aisées du Tibidabo et de Pedralbes au Gràcia bohème, toute la partie nord de Barcelone offre une vue splendide sur la ville et ses environs mais surtout la plus grande étendue de verdure : 15 parcs dont le parc Güell, fantastique création de Gaudí, et l'immense parc naturel de Collserola qui revêt d'un tapis vert la colline du Tibidabo. Le quartier de Gràcia est certainement le plus cosmopolite de la ville. Ancien quartier anarchiste autrefois habité par les ouvriers et les gitans, il attire aujourd'hui écrivains, artistes et intellectuels. Ses petites places bordées de bars et de boutiques originales fourmillent d'activité, surtout le soir.

Parc d'attraccions del Tibidabo

🔟 Les sites

1. Parc d'atraccions del Tibidabo
2. Monestir de Pedralbes
3. Torre de Collserola
4. Museu del FC Barcelona et stade de Camp Nou
5. Palau reial de Pedralbes
6. Parc Güell
7. Temple expiatori del Sagrat Cor
8. Parc de Collserola
9. Tramvia Blau
10. Jardins del Laberint d'Horta

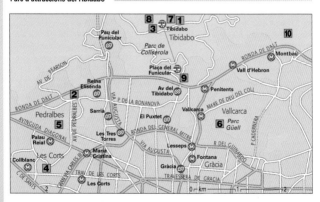

La meilleure façon de découvrir la Zona Alta est d'emprunter le Bus Turístic p. 133

1 Parc d'atraccions del Tibidabo

Ce parc d'attractions, ouvert en 1908, a presque le même âge que le funiculaire qui vous emmènera au sommet du Tibidabo. Ses anciennes attractions, en parfait état de conservation, ont gardé tout leur charme, notamment la grande roue et le carrousel. Les amateurs de sensations fortes opteront pour les nouvelles attractions ! Le museu dels Autòmates *(p. 41)* comprend en plus de la collection de jouets mécaniques, une maquette du parc. ✆ *Pl. de Tibidabo • plan B1• horaires au 93 211 79 42 • EP • AH.*

2 Monestir de Pedralbes

Ce superbe monastère gothique dont le nom vient du latin *petras albas,* pierres blanches, fut fondé par la reine Elisenda de Montcada de Piños au début du XIVe siècle. Son tombeau d'albâtre est conservé dans le mur entre l'église et l'étonnant cloître gothique à trois niveaux. Grâce aux cuisines, aux cellules, à l'infirmerie et au réfectoire, on peut se faire une idée de la vie au Moyen Âge. ✆ *C/Baixada Monestir 9 • plan A1 • ouv. mar.-dim. 10h-14h • EP, gratuit le 1er dim. du mois • AH.*

3 Torre de Collserola

La tour de télévision a été dessinée par l'architecte britannique Norman Foster. La partie supérieure, qui ressemble à une aiguille, est maintenue par 12 câbles d'acier et repose sur une colonne de béton. À l'extérieur, un ascenseur vitré monte jusqu'au dernier étage (560 m). Par temps clair, on peut voir Montserrat et les Pyrénées. ✆ *Parc de Collserola • plan B1 • ouv. mer.-dim. 11h-14h,15h30-18h, sam.-dim. 11h-18h (19h juil.-août) • EP • AH.*

Torre de Collserola

4 Museu del FC Barcelona et stade de Camp Nou

Le musée le plus visité de Barcelone est un must pour les amateurs de football. Grâce à toutes sortes d'objets, vous découvrirez l'histoire du célèbre club du FC Barcelona. Des œuvres offertes par des artistes catalans renommés sont également exposées. Le prix d'entrée donne accès au Barça, l'impressionnant stade pour 120 personnes qui témoigne de l'intérêt des locaux pour ce sport. ✆ *Entrée 9 du stade, av. Arístides Maillol • plan A2 • ouv. lun.-sam. 10h-18h30 (20h avr.-oct.), dim. 10h-14h30 • EP.*

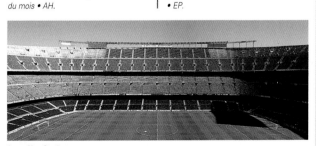

Camp Nou Stadium

Gràcia

Le village de Gràcia a été absorbé par Barcelone en 1898. Devenu un quartier ouvrier, Gràcia joue un rôle important dans les mouvements ouvriers et anarchistes de la fin du XIXe s. Aujourd'hui, le quartier a conservé un esprit d'indépendance et de nombreux artisans y sont toujours installés. Ne manquez pas la grande fête (p. 64) organisée chaque année la 2e semaine d'août.

Palau reial de Pedralbes

L'ancienne résidence principale du comte Eusebi Güell fut offerte à la famille royale en 1919. Ouvert au public depuis 1937, ce palais majestueux abrite le museu de Ceràmica, le museu de Textil et le museu de les Arts decoratives. Le premier possède une belle collection de céramiques catalane et mauresque. Le second est axé sur la mode et les costumes, et le troisième présente du mobilier et des objets du Moyen Âge à nos jours. Les jardins du palais sont splendides et abritent une fontaine dessinée par Gaudí. ◈ Av. Diagonal 686 • plan A2 • musées ouv. mar.-sam. 10h-18h, dim. 10h-15h • EP, gratuit le 1er dim. du mois • AH.

Vue depuis le temple expiatori del Sagrat Cor

Parc Güell

Cette folie architecturale signée Gaudí est inscrite au patrimoine mondial de l'Unesco depuis 1984. Le parc comprend deux pavillons féeriques, des galeries, un immense banc ondulant et la forêt de colonnes de la Salà Hipóstila. Remarquez les décorations en trencadís. La maison dans laquelle l'architecte a habité 20 ans est aujourd'hui un musée consacré à son œuvre, la casa-museu Gaudí. ◈ C/d'Olot • plan B2 • ouv. t.l.j. 10h-crépuscule • EG. ◈ Casa-museu Gaudí • plan B2 • ouv. oct.-mars 10h-17h45, avr.-sept. 10h-19h45 • EP 5,50 €.

Museu de Ceràmica, Palau reial

Temple expiatori del Sagrat Cor

Construite entre 1902 et 1911 par Enric Sagnier, cette église est surmontée d'un immense Christ. Située au sommet du Tibidabo, elle est visible de tout Barcelone. Remarquez les décorations de la porte d'entrée, psychédéliques avant l'heure ! Pour une vue fabuleuse, prenez l'ascenseur de la tour ou grimpez les escaliers de la terrasse. ◈ Pl. del Tibidabo • plan B1 • ouv. t.l.j. 10h-20h (ascenseur t.l.j. 10h30-14h et 15h-19h) • EP.

Parc de Collserola

Derrière la colline du Tibidabo, s'étendent quelque 6 500 hectares de forêt

Jardins del Laberint d'Horta

sillonnées de sentiers. Ce parc naturel est idéal pour randonner *(p. 59)*. ◈ *Centre d'information, carretera de l'Església 92 • plan B1.*

9 Tramvia Blau

La montée au Tibidabo dans les vieux tramways bleus dont l'intérieur est resté en bois est un voyage en soi. La ligne part de l'arrêt FGC avinguda del Tibidabo et remonte toute l'avenue en passant devant les immeubles modernistes. La plaça Doctor Andreu est le terminus. ◈ *Av. Tibidabo • plan B1 • Les trams circulent t.l.j. (mi-sept.-fin juin : sam., dim. et j.f. seul.) 10h-20h (oct.-mai : 18h) • EP.*

10 Jardins del Laberint d'Horta

Ces jardins néoclassiques dessinés par l'Italien Domenico Bagotti comprennent un lac, une cascade, des canaux et un superbe labyrinthe de cyprès. ◈ *C/German Desvalls • plan C1 • ouv. t.l.j. 10h-crépuscule • EG mer. et dim., EP les autres jours.*

Museu de les Arts decoratives, Palau reial

Sur les hauteurs

Le matin

⏱ Suivre l'itinéraire nord du Bus Turístic *(p. 133)* est le moyen le plus facile pour explorer la partie nord de Barcelone, très étendue. Le billet de bus donne droit à des réductions sur l'entrée des sites les plus importants. Démarrez plaça de Catalunya (les billets sont en vente dans le bus) et montez sur l'impériale pour profiter du paysage. Remarquez les merveilles modernistes lorsque vous passerez passeig de Gràcia. Arrêtez-vous au **parc Güell** et passez le reste de la matinée à vous promener dans ce parc féerique. Reprenez le bus en direction du nord et descendez au bout de l'avinguda del Tibidabo. Faites encore 500 m à pied et goûtez aux délices de la cuisine castillane dans le jardin d'**El Asador d'Aranda** *(p. 117)*.

L'après-midi

Reprenez l'avinguda del Tibidabo et marchez jusqu'à la plaça Doctor Andreu, point de départ du funiculaire. Une fois plaça del Tibidabo, faites un tour au **parc d'attracions** *(p. 111)*, puis dirigez-vous vers l'incontournable **torre de Collserola** *(p. 111)*. Prenez l'ascenseur en verre pour la plate-forme panoramique. Retournez plaça Doctor Andreu par le funiculaire et offrez-vous un *granissat (p. 43)*. Descendez l'avinguda del Tibidabo par le **Tramvia Blau** et regagnez le centre avec le Bus Turístic.

➡ Les parcs p. 56-57

Gauche **Món de Mones** Droite **El Piano**

TOP10 Gràcia : boutiques

1 Naftalina
La décoration intérieure de cette boutique est très belle, un cadre parfait pour le prêt-à-porter féminin qui y est vendu. Les vêtements, sobres et élégants, sont réalisés artisanalement dans de magnifiques tissus. ◉ C/La Perla 33.

2 Ninas
Nina, une jeune styliste américaine, vend des vêtements féminins simples et modernes, coupés dans de beaux tissus. La boutique et l'atelier, situé juste derrière, occupent une ancienne boucherie dans un splendide édifice moderniste. ◉ C/Verdi 39.

3 Llena eres de Gràcia
Cette boutique colorée propose de superbes vêtements et accessoires pour femmes à prix sages. La plupart sont originaux. ◉ C/Ross de Olano 52.

4 José Rivero
Vous y trouverez les créations de José lui-même, pour hommes et femmes, ainsi que des accessoires de qualité, comme des sacs à main, réalisés par de jeunes designers catalans, ◉ C/Astúries 43.

5 Multiart
Cet atelier fabrique et imprime à la main des tissus. On y vend aussi des draps et des vêtements pour homme et pour femme. Des stages de couture y sont organisés. ◉ C/Sant Joaquim 23.

6 Món de Mones
Vous trouverez dans cette boutique près de la plaça del Sol des bijoux et des accessoires colorés. La créatrice Teresa Roig utilise des matériaux très variés. ◉ C/Xiquets de Valls 9.

7 Camiseria Pons
Cette ancienne boutique est spécialisée dans les chemises pour homme et en propose un très grand choix par des créateurs espagnols ou étrangers, comme Ralph Lauren. ◉ Gran de Gràcia 49.

8 Mushi Mushi
Des marques confidentielles aux grands noms du prêt-à-porter, cette jolie petite boutique a une belle sélection de vêtements pour femmes. Également quelques beaux modèles de chaussures, de sacs et des accessoires. ◉ Pl. Rius i Taulet 5.

9 El Piano
La designer catalane Tina García conçoit des vêtements pour femme, élégants et un peu rétro. On trouve dans sa boutique des créations d'autres designers de la région de Barcelone. ◉ C/Verdi 20 bis.

10 Zucca
Il y a trois boutiques Zucca à Barcelone. Ici, on trouve des accessoires ultrabranchés, des fleurs en plastique pour les cheveux aux anneaux de nombril. Les jeunes modeuses en raffolent ! ◉ C/Torrent de l'Olla 175.

On peut acheter sur commande dans la plupart des boutiques de Gràcia.

Gauche **Enseigne du café Salambó** Droite **Théières, Tetería Jazmín**

TOP 10 Gràcia : cafés

1 Cafè del Sol
De tous les cafés de la plaça del Sol, c'est le plus bohème, le plus chaleureux et le plus vivant. Le café y est excellent et servi rapidement. ◈ Pl. del Sol 16 • AH.

2 Cafè Salambó
Ce beau café très tendance est absolument incontournable dans le quartier. Si vous avez un petit creux, les salades et les sandwichs sont délicieux. Billard à l'étage. ◈ C/Torrijos 51 • AH.

3 Tetería Jazmín
Des dizaines de thés différents… Goûtez le thé à la menthe et aux pignons, un délice ! On peut aussi y manger des plats marocains : par exemple un tagine ou un couscous. ◈ C/Maspons 11 • ferm. lun., mar. et 2 sem. en sept.

4 La Cafetera
Les cafés ne manquent pas sur la plaça de la Virreina. La Cafetera est le plus agréable, avec sa terrasse et son patio plein de plantes. Idéal le matin, pour prendre le petit déjeuner. ◈ Pl. de la Virreina.

5 Aroma
L'arôme du café fraîchement moulu emplit cet établissement aux murs couleur crème et aux poutres apparentes. Des dizaines de cafés, à déguster sur place ou à emporter. ◈ Travessera de Gràcia 151 • AH.

6 Vreneli
La minuscule plaça de Ruis i Taulet compte quatre terrasses. Celle du Vreneli est la plus intéressante, avec son choix de plats mexicains, suisses et espagnols. Pas d'alcool. ◈ Pl. Rius i Taulet 11 • ferm. lun. • AH.

7 Blues Cafè
Ici, la lumière est tamisée, l'ambiance rétro et les murs sont tapissés de photos en noir et blanc des stars du blues, de John Lee Hooker à Leadbelly. On peut y écouter en électrique ou en acoustique du blues… et encore du blues ! ◈ C/Perla 35.

8 Cafè del Teatre
Ce café à la fois très animé et très cool est l'endroit idéal pour faire de sympathiques rencontres… et bavarder des heures durant. Le seul rapport avec le théâtre semble être le rideau de velours dessiné sur la porte. ◈ C/Torrijos 41.

9 Cafè de Gràcia
Un grand espace, des murs roses, des miroirs et un service plus formel que dans la plupart des bars du quartier. Une bonne adresse pour un café rapide au calme. ◈ C/Gran de Gràcia 34.

10 Sureny
Ce nouveau venu dans le quartier est un lieu très simple et très classe. Large choix de tapas et de vins au verre. ◈ Pl. Revolució 17 • ferm. lun. • AH.

Gauche **À l'intérieur du Mirasol** Droite **Vie nocturne sur la plaça del Sol, Gràcia**

🔟 Bars branchés

1 Mirasol
Un grand classique du quartier, rendez-vous de la bohème depuis des décennies. Terrasse sur la place en été.
⊗ *Pl. del Sol 3 • ferm. dim. • AH.*

2 Universal Café
Ici, la clientèle est très soucieuse de son image et arrive plutôt en deuxième partie de soirée (l'Universal est ouvert jusqu'à 5 h 30) pour flirter et danser sur fond de house (à l'étage) ou d'acid jazz (en bas). Un lieu très spacieux où ont parfois lieu des concerts.
⊗ *C/Marià Cubí 182 • ferm. dim. • EP.*

3 Mirablau
Un bar très chic fréquenté par une clientèle un peu plus âgée et aisée qui vient siroter un cocktail en profitant de la vue fantastique sur Barcelone.
⊗ *Pl. Doctor Andreu.*

4 Elephant
Gigantesque, très chic et unique. L'Elephant est l'un des meilleurs night-clubs de Barcelone. En été, vous pouvez vous allonger sur de grands lits blancs. ⊗ *Passeig dels Til.lers 1.*

5 Casa Quimet
La « maison de la Guitare » est toujours bondée et bruyante. Ceux qui savent jouer pourront prendre une guitare pendue au mur et improviser. À découvrir.
⊗ *C/Rambla de Prat 9 • ferm. lun.-mer., fév. et août.*

6 Sala BeCool
Un endroit réputé dans le quartier chic de Sant Gervasi. Les DJ sont bons et mixent des musiques variées. Des soirées à thème sont organisées.
⊗ *Plaça Joan Llongueras 5 • plan C1.*

7 Otto Zutz
Le monde des médias afflue dans ce club de style new-yorkais pour bavarder, jouer au billard, ou danser sur de la techno.
⊗ *C/Lincoln 15 • ferm. dim.-lun. • EP.*

8 Mond Bar
Une des adresses les plus branchées de Barcelone : canapés, lumières tamisées et, pour la musique : pop, *lounge* et trip-hop mixés par les meilleurs DJ. ⊗ *Pl. del Sol 21.*

9 Heliogàbal
Cette scène culte programme ses meilleures nuits les jeudis et les dimanches. Ces nuits-là, on entend de tout, de la musique indie au slam. Et, ce qui ne gâche rien, les prix sont très raisonnables. ⊗ *C/Ramón y Cajal 80 • plan F1.*

10 Bikini
Ouvert à partir de minuit, cet immense espace dédié à la musique comprend un bar, une salle de concert et une piste où l'on danse sur des sons latinos. Les meilleurs jeunes groupes européens y donnent des concerts réguliers. ⊗ *C/Deu i Mata 105. • Ferm. lun. • EP • AH.*

Les bars ferment à 2h30 du matin, à 3h les w.-e. Les pubs ouvrent à 16h30/17h. Vie nocturne, les meilleures adresses **p. 46-47**

Catégories de prix

Pour un repas avec entrée, plat et dessert, une demi-bouteille de vin, taxes et service compris.

€ Jusqu'à 15 €
€€ De 15 à 25 €
€€€ De 25 à 35 €
€€€€ De 35 à 45 €
€€€€€ Plus de 45 €

Intérieur du Flash Flash

🔟 Restaurants et bars à tapas

1 El Asador d'Aranda
Ce restaurant est aménagé dans la casa Roviltara, une demeure moderniste avec un magnifique jardin. Il est très fréquenté pour les déjeuners d'affaires. L'agneau de lait cuit au bois de chêne est la spécialité du chef. ® Av. Tibidabo 31 • 93 417 01 15 • ferm. dim. soir • €€€€.

2 Bar-restaurante Can Tomàs
Situé dans le quartier de Sarrià, ce bar à tapas a la réputation, bien méritée, d'être un des meilleurs de la ville. Les patates braves sont la spécialité de la maison. ® C/Major de Sarrià 49 • 93 203 10 77 • ferm. mer. • cartes de paiement refusées • €€.

3 Hofmann
Dirigé par le talentueux Mey Hofmann, le restaurant sert une cuisine catalane délicieuse. Gardez de la place pour le dessert. ® C/La Granada del Penedès 14-16 • 93 218 71 65 • AH • €€€€.

4 Neichel
Un intérieur magnifique et une carte « nouvelle cuisine » attirent ici une clientèle aisée. ® C/Beltran i Rozpide 1 • 93 203 84 08 • ferm. dim. et lun. • €€€€€.

5 Taverna El Glop
Ce bistrot de quartier sert les légendaires calçots, d'énormes oignons cuits au feu de bois et accompagnés d'une sauce tomate épicée. ® C/St Lluis 24 • 93 213 70 58 • AH • €€.

6 Àbac
Au pied du Tibidabo, vous dégusterez une cuisine méditerranéenne préparée par le chef très médaillé Xavier Pellicer. ® Avinguda Tibidabo 1 • 93 319 66 00 • ferm. dim. midi, lun., ven. midi. • €€€.

7 Flash Flash
Ici on ne sert que des truites (omelettes), classiques ou inventives. Les propriétaires assurent avoir cassé 5 millions d'œufs en 30 ans ! ® C/Granada de Penedès 25 • 93 237 09 90 • AH • €€€.

8 La Balsa
Dans le quartier paisible de Bonanova, La Balsa est un joli endroit disposant de deux jardins-terrasses. La carte offre de bons plats basques, catalans et d'autres spécialités du Sud. ® C/Infanta Isabel 4 • 93 211 50 48 • ferm. dim. soir, lun. midi et à midi en août • €€€€€.

9 Tram Tram
Vous dégusterez dans une maison ancienne une cuisine catalane, contemporaine et innovante ® C/Major de Sarria 121 • 93 204 85 18 • ferm. sam. midi, dim., lun, 2 sem. en août • AH • €€€€.

10 Botafumeiro
Ce restaurant est spécialisé dans les fruits de mer. Dans les aquariums, crabes et homards attendent de passer à lacasserole. Réservation indispensable. ® C/Gran de Grácia 81 • 93 218 42 30 • AH • €€€€€.

Sauf indication contraire, tous les restaurants acceptent les cartes de paiement. Informations sur la cuisine et les restaurants **p. 138**

Gauche **Monestir de Santes Creus** Droite **Cadaqués**

Les environs de Barcelone

L a Catalogne est une région à l'identité bien affirmée, tant par ses traditions et sa langue que par sa géographie et son patrimoine culturel. Les Pyrénées, au nord, culminent à 3 000 m. Côté littoral, la célèbre Costa Brava (« côte sauvage »), qui s'étend de la frontière française à Barcelone, abrite des petites criques aux eaux cristallines ; au-delà, la Costa Daurada est bordée de longues plages de sable. À ces merveilles naturelles s'ajoutent des trésors artistiques : la Catalogne regorge d'églises et de monastères, souvent cachés au beau milieu des montagnes. La cuisine catalane, qui mêle produits de la mer et de la montagne, comblera tous les goûts. Ne manquez pas le cava, le champagne catalan.

Teatre-museu Dalí

TOP 10 Les sites

1	Montserrat	6	Tarragona
2	Teatre-museu Dalí, Figueres	7	Girona
3	Vall de Núria	8	Empúries
4	Alt Penedès	9	Port Aventura
5	Begur et ses environs	10	Costa Daurada et Sitges

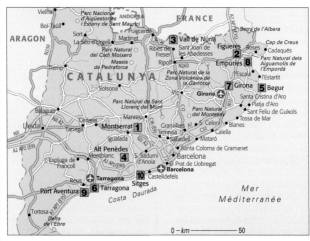

Informations sur les transports en Catalogne **p. 132**

1 Montserrat

Les parois abruptes de la montagne de Montserrat se dressent au-dessus d'un monastère bénédictin. Fondé en 1025, le monastère a été très endommagé en 1811 durant la guerre d'Indépendance et reconstruit 30 ans plus tard. C'est un lieu de pèlerinage, car sa basilique renferme la *Moreneta* ou

Basilique, monestir de Montserrat

Vierge noire, devenue la patronne de la Catalogne. Selon la légende, cette petite statue remonterait à l'an 50, mais les scientifiques estiment qu'elle date du XIIe s. La montagne de Montserrat est aussi l'occasion de faire de belles randonnées : de nombreux sentiers longent des gorges spectaculaires et mènent à des ermitages.
Pour vous rendre au monastère, prenez le téléphérique. ✆ *Inf. touristiques, pl. de la Creu • 93 87 77 777.*

2 Teatre-museu Dalí, Figueres

Salvador Dalí est né à Figueres en 1904. Il a aménagé lui-même l'ancien théâtre de la ville en un musée consacré à son œuvre. Le teatre-museu Dalí offre un aperçu unique du génie créatif de l'artiste, de *La Cesta de pan* (1926) à *El Torero alucinogeno* (1970). C'est aujourd'hui le musée le plus visité en Espagne après le Prado à Madrid. Restez dans les pas du surréaliste en allant à Cadaqués où Dalí, pendant près de 60 ans et jusqu'à sa mort en 1989, passa tous ses étés. On peut y visiter sa résidence, la casa-museu Salvador Dalí.

Cadaquès est à 30 min de voiture de Figueres. ✆ *Pl. Gala-Salvador Dalí, Figueres • 972 67 75 00 • ouv. mars-juin, oct. : mar.-dim. 9h30-18h (t.l.j. en juin) ; juil.-sept. : t.l.j. 9h-20h ; nov.-fév. : mar.-dim. 10h30-18h • EP 10 €. ✆ Casa-museu Salvador Dalí, Portlligat • 972 25 10 15 • ferm. déb. janv.-mi-mars • vis. guid. seul. mar.-dim. (t.l.j. 15 juin-15 sept.), sur rés. • EP.*

3 Vall de Núria

Entourée de sommets (jusqu'à 3 000 m), Núria est une station de ski. L'été, on peut y faire de nombreuses randonnées. Dans ce village, construit autour d'un sanctuaire, vous trouverez une auberge de jeunesse et des appartements à louer. Un seul moyen pour se rendre dans cette belle vallée : le train à crémaillère qui grimpe sans bruit dans ce beau paysage. ✆ *Inf. touristiques à la gare ferroviaire de Vall de Núria • trains au départ de Ribes de Freser, 10 km au nord de Ripoll.*

Cadillac pluvieuse, teatre-museu Dalí

Depuis Barcelone, la plupart des sites sont accessibles en moins de 3 h de voiture.

Alt Penedès

4 La Penedès est la région vinicole la plus connue de Catalogne. C'est ici qu'est produit le *cava*, dont les marques les plus célèbres sont Cordoníu et Freixenet. De nombreuses caves sont ouvertes au public, mais la plus spectaculaire est celle de Cordoníu qui possède 26 km de celliers sur cinq niveaux et a été dessinée par l'architecte moderniste Puig i Cadalfach. ◈ *C/Cort 14, Vilafranca del Penedès • 93 818 12 54 • inf. touristiques et détails sur la visite des caves, dont celle de Cordoníu.*

Begur et ses environs

5 Ce village de la Costa Brava est situé au sommet d'une colline. Son château du XIVe s., en ruine, surplombe la mer et la réserve naturelle d'Aiguamolla. L'été, la population du village quadruple. Begur est en effet une base parfaite pour explorer les plages et les belles criques sauvages de la côte, peut-être la plus belle de Catalogne. L'été, des concerts de jazz ont lieu sur toutes les plages de la région. ◈ *Inf. touristiques, av. Onze de Setembre 5 • 972 62 45 20.*

Tarragona

6 Quand on arrive à Tarragona, on passe d'abord par les raffineries de pétrole et par l'immense port industriel. Rien ne laisse deviner l'extraordinaire trésor archéologique de la ville. Ancienne capitale de la Catalogne romaine, Tarragona a conservé de nombreux vestiges de cette époque. Les plus intéressants sont l'amphithéâtre, très bien conservé, et la torre de Pilatos

Riu Onyar, Girona

où, dit-on, les chrétiens attendaient d'être livrés aux lions. Le Museu nacional arqueològic complètera cet itinéraire romain. La catedral de Santa Tecla *(p. 124)* mérite aussi une visite. ◈ *Inf. touristiques, c/Fortuny 4 • 977 23 34 15.*

Girona

7 Girona est une belle ville entourée de collines verdoyantes. Le niveau de vie y serait le plus élevé de la Catalogne. Au cœur de la vieille ville, l'ancien quartier juif, El Call, est un des ensembles médiévaux les mieux conservés d'Europe. La cathédrale *(p. 124)* est une merveille. ◈ *Inf. touristiques, rambla de la Llibertat • 972 22 65 75.*

Empúries

8 Après Tarragone, Empúries est le deuxième site antique de Catalogne. Les ruines grecques et romaines s'étendent sur plus de 40 ha et forment au bord de la mer un ensemble impressionnant. Les vestiges d'une rue marchande, de plusieurs temples et une partie d'amphithéâtre romain sont les éléments les plus intéressants. À côté du site, se trouvent de belles plages... Une destination parfaite pour combiner culture et baignade.

Codorníu *cava*

Empúries • Inf. touristiques 972 77 02 08 • ouv. juin-sept. : t.l.j. 10h-20h, oct.-mai : t.l.j. 10h-18h • EP.

Port Aventura

9 Le parc d'attractions des Studios Universal est divisé en cinq zones : la Chine, le Far West, la Méditerranée, la Polynésie et le Mexique. Chacune a ses propres attractions. Les amateurs de sensations fortes apprécieront Dragon Kahn (Chine), de très impressionnantes montagnes russes. On peut aussi assister à des spectacles. *Av. Pere Molas, Villaseca, Tarragona • 902 20 22 20 • ouv. mi-mars-oct. : t.l.j. tél. pour connaître les horaires hors saison • EP • AH.*

Costa Daurada et Sitges

10 La Costa Daurada se distingue de la Costa Brava par ses longues plages de sable aux eaux peu profondes. Torredembarra est une station balnéaire familiale, très tranquille. Sitges est la perle de la côte. Fréquentée à la fois par la bonne société barcelonaise et par les gays du monde entier (*p. 49*), c'est une station cosmopolite à l'ambiance parfois frénétique. *Inf. touristiques, c/Sínia Morera • 938 109 340.*

Front de mer, Sitges

La Catalogne en voiture

Le matin

🕐 Prenez l'autoroute AP 7 au départ de Barcelone jusqu'à la sortie 4, puis suivez la C 260 en direction de Cadaqués. Comptez 2 h 30 de route environ. Juste avant Cadaqués, arrêtez-vous pour admirer la vue sur la mer et les maisons blanchies à la chaux de cet ancien village de pêcheurs. Une fois à **Cadaqués**, une des stations balnéaires les plus branchées de Catalogne, promenez-vous dans les jolies rues bordées de boutiques. Après un plongeon dans la mer, reprenez votre voiture et suivez la route qui part de Portlligat vers le **cap de Creus** (*p. 125*). Roulez pendant quelques kilomètres dans un paysage désolé avant d'arriver au promontoire rocheux et à son phare. Faites demi-tour et prenez la route pour Port de la Selva. Elle tourne sans cesse, mais le paysage est exceptionnel.

L'après-midi

Faites halte au village de **Port de la Selva**, entouré de montagnes. Profitez d'être au bord de la mer pour manger un excellent repas de poisson à la Cala Herminda. Roulez jusqu'au village voisin, **Selva del Mar**, et prenez un café au Bar Stop. Montez ensuite au **monestir de Sant Pere de Rodes** (*p. 124*). Vous serez tenté de vous arrêter en chemin pour admirer la vue, mais c'est du monastère qu'on a le plus beau panorama. Si vous avez envie de vous dégourdir les jambes, suivez un sentier balisé, et admirez le coucher de soleil sur la baie.

Pages suivantes Cour intérieure du monestir de Montserrat

121

Gauche **Plafond de la salle capitulaire du monestir de Santes Creus** Droite **Monestir de Poblet**

TOP 10 Églises et monastères

1 Monestir de Montserrat

Ce lieu de pèlerinage est le monastère le plus visité en Catalogne. Il abrite des œuvres romanes et une statue de la Vierge noire (*p. 119*). ◈ *Montserrat • 938 77 77 • EP • AH à la basilique.*

2 Monestir de Poblet

Une communauté de moines cisterciens vit ici. Pour découvrir l'église romane et la chapelle gothique Sant Jordi, il faut passer par la Porta daurada, une porte dorée en l'honneur de Philippe II en 1564. ◈ *Sur la N 240, 10 km à l'O de Montblanc • 977 870 254 • EP.*

3 Monestir de Ripoll

Le portail ouest du monastère (879) posséderait les plus belles sculptures romanes d'Espagne. Le cloître et le portail datent de la première époque. ◈ *Ripoll • 972 70 23 51 • EP.*

4 Monestir de Santes Creus

Le cloître de ce trésor gothique (1150) est remarquable pour ses chapiteaux sculptés par l'Anglais Reinard Funoll. ◈ *Santes Creus, 25 km au NO de Montblanc • 977 63 83 29 • ferm. lun. • EP sauf mar.*

5 Monestir de Sant Pere de Rodes

Classé au patrimoine mondial de l'Unesco, ce lieu a perdu de son charme depuis qu'il a été rénové, mais il offre une vue splendide sur le cap de Creus et Port de la Selva. ◈ *22 km à l'E de Figueres • 972 38 75 59 • ferm. lun. • EP.*

6 Sant Climent i Santa Maria de Taüll

Ces deux églises sont de beaux exemples des églises romanes des Pyrénées catalanes. La plupart des fresques (1123) qu'elles abritaient ont été déposées au MNAC de Barcelone (*p. 18-19*). ◈ *138 km au N de Lleida • 973 69 40 00.*

7 Catedral de La Seu d'Urgell

Élevée vers 1040, cette cathédrale est une des plus élégantes de Catalogne. ◈ *La Seu d'Urgell • 973 35 32 42 • EP • AH.*

8 Catedral de Santa Maria

La cathédrale de Girona possède la nef gothique la plus large d'Europe. ◈ *Girona, dans la vieille ville • 972 21 58 14 • EP sauf dim.*

9 Catedral de Santa Tecla

Longue de 104 m, la cathédrale de Tarragona est la plus grande de la région. Son immense clocher octogonal mêle les styles roman et gothique. ◈ *Tarragona, dans la vieille ville • 977 23 86 85 • ferm. dim. sauf pour la messe de 11h • EP.*

10 Sant Joan de les Abadesses

Ce joli monastère pyrénéen de style roman français renferme une collection de sculptures romanes. ◈ *Sant Joan de les Abadesses • 972 72 05 99 • www.santjoandelesabadesses.com • EP.*

Les monastères et les églises sont ouverts lun.-sam. 10h-13h et 15h-19h, dim. 10h-13h. Hors saison, il est préférable de téléphoner.

Parc natural de la zona volcànica de la Garrotxa

TOP10 Parcs nationaux et réserves

1 Parc nacional d'Aigüestortes i Estany de Sant Maurici

Depuis le village d'Espot, vous pourrez explorer les pics et les lacs (à 2 000 m) de l'unique parc national de Catalogne. 🕿 *148 km au N de Lleida.*

2 Delta de l'Ebre

Le delta de l'Ebre est une vaste zone de rizières et une réserve naturelle pour de nombreuses espèces d'oiseaux migrateurs. Elle est équipée de postes d'observation. 🕿 *28 km au SE de Tortosa.*

3 Parc natural de la zona volcànica de la Garrotxa

La zone volcanique de la Garrotxa a connu sa dernière éruption il y a 10 000 ans. Le plus grand cratère, le Santa Margalida (500 m de diamètre), devient féerique au printemps lorsque des milliers de papillons y prennent leur envol. 🕿 *40 km au NO de Girona.*

4 Cap de Creus

Là où les Pyrénées plongent dans la mer s'avance un promontoire rocheux de 10 km, point le plus oriental de la Catalogne. La vue sur la côte est fabuleuse. 🕿 *36 km à l'E de Figueres.*

5 Parc natural del Cadí-Moixeró

Cette chaîne montagneuse dont les pics dépassent les 2 000 m est couverte de chênes et de conifères centenaires. 🕿 *20 km à l'E de La Seu d'Urgell.*

6 Parc natural del Montseny

C'est le parc naturel le plus facilement accessible en Catalogne. De nombreux sentiers de randonnée pédestre ou à VTT sillonnent ses collines boisées. Le sentier du Turó de l'Home, le point le plus haut du parc, est bien balisé. 🕿 *48 km au NO de Barcelone.*

7 Massis de Pedraforca

Ce grand massif montagneux est entouré d'une réserve naturelle. Beaucoup de grimpeurs entreprennent l'ascension de ses sommets (jusqu'à 2 500 m). 🕿 *64 km au N de Manresa.*

8 Serra de l'Albera

À la frontière entre la France et l'Espagne, ne manquez pas les monts Albères et les ruines de cette région des Pyrénées orientales. 🕿 *15 km au N de Figueres.*

9 Parc natural dels Aiguamolls de l'Empordà

Au printemps, les observatoires de Laguna de Vilalt et de La Bassa de Gall Mari permettent d'observer la nidification des hérons et des poules d'eau. 🕿 *15 km à l'E de Figueres.*

10 Parc natural de Sant Llorenç del Munt

Bien qu'entouré d'usines, ce parc naturel est sauvage et abrite des sangliers. Au sommet du cerro de la Mola se dresse un monastère roman. 🕿 *12 km à l'E de Manresa.*

➤ *Pour plus d'informations, consultez le Turisme de Catalunya au 012.*

Raft, La Noguera Pallaresa

TOP10 Activités de plein air

1 Kayak et raft
Pour faire du kayak et du raft, la Noguera Pallaresa est une des meilleures rivières. La fonte des neiges, à la fin du printemps, est le meilleur moment. *Yeti Emotions, Llavorsí, 14 km au N de Sort • 973 62 22 01 • www.yetiemotions.com*

2 Plongée sous-marine
La réserve naturelle des îles Medes abrite des milliers d'espèces animales et des coraux que l'on découvre en plongeant ou à bord d'un bateau à fond de verre. *López Bender, Port Alegre 1, Ampuriabrava • 972 45 02 41 • www.lopez-bender-sub.com*

3 Sports nautiques et voile
Planche à voile, kayak de mer ou voilier à louer : tout est possible à Sitges. *Club de Mar Sitges, pg Marítim, Sitges • 938 94 09 05 • www.clubdemardesitges.com*

4 Ski
La Molina est la station la plus accessible depuis Barcelone, mais la jet-set préfère Baqueira-Beret. Les pistes ouvrent en décembre. *La Molina, 25 km au S de Puigcerdà • 972 89 20 31 • www.lamolina.com* *Baqueira-Beret, 14 km à l'E de Vielha • 902 41 54 15 (bulletin d'enneigement 973 63 90 25) • www.baqueira.es*

5 Golf
La Costa Brava est un des meilleurs endroits pour pratiquer le golf en Europe. Les meilleurs terrains sont autour de Platja d'Aro. *Santa Cristina d'Aro • 972 83 70 55. Platja d'Aro • 972 81 67 27.*

6 Équitation
Le parc natural del Montseny (p. 125) compte de nombreux centres équestres. *Can Marc, 6 km à l'O de Sant Celoni • 938 48 27 13.*

7 Vols en ballon
Le survol en ballon de la région volcanique d'Osona est une merveilleuse façon de découvrir la Catalogne. *Baló Tour, Vic • 938 89 44 43 • www.balotour.com*

8 Croisières
Embarquez pour une croisière au départ de Calella ou de Blanes à destination de Tossa de Mar pour visiter la vieille ville et le château. *Dofí Jet Boats, Blanes • 972 35 20 21 • www.dofijetboats.com • Départ toutes les heures depuis Blanes, 2 fois par jour depuis Calella • ferm. nov.-fév.*

9 Planche à voile, aviron et golf
Le Canal olímpic utilisé pour les courses d'aviron lors des jeux Olympiques de 1992 est aujourd'hui une base de loisirs. *Canal olímpic, av. Canal Olímpic, Castelldefels • 936 36 28 96.*

10 Cueillette des champignons
De fin septembre à fin octobre, les Catalans partent à la recherche du précieux *rovelló*. Procurez-vous un guide auprès de la Diputació de Barcelone, car des variétés sont dangereuses.

Contactez la Diputació de Barcelona pour plus d'informations sur les activités en Catalogne ou consultez le site www.diba.es/turismetotal.

Catégories de prix

Pour un repas avec entrée, plat et dessert, une demi-bouteille de vin, taxes et service compris.

€ Jusqu'à 15 €
€€ De 15 à 25 €
€€€ De 25 à 35 €
€€€€ De 35 à 45 €
€€€€€ Plus de 45 €

Anchois, Els Pescadors

🔟 Restaurants

1 El Bulli
L'extraordinaire cuisine du chef Ferran Adria, 3 étoiles au Michelin, est une expérience unique. Réservez plusieurs mois à l'avance (Internet). 🞧 *Cala de Montjoi, Roses • 972 150 457 • ferm. oct.-mars • www.elbulli.com • €€€€€.*

2 El Racó de Can Fabes
Dans ce restaurant coté 3 étoiles au Michelin, le chef Santi Santamaria élabore une cuisine franco-catalane traditionnelle. 🞧 *Sant Joan 6, Sant Celoni, Montseny • 938 67 28 51 • www.canfabes.com • ferm. dim. soir et lun. • €€€€€.*

3 La Torre del Remei
Une cuisine catalane merveilleusement présentée dans un palais moderniste. Le gibier est délicieux. 🞧 *Camí Reial, Bolvir, Cerdanya, 3 km au SO de Puigcerdà • 972 14 01 82 • AH • €€€€€.*

4 El Mirador de les Caves
Ce restaurant occupe un château dominant la région viticole catalane. La cuisine traditionnelle est accompagnée de vins locaux, notamment du cava. 🞧 *Els Casots, 4 km au S de Sant Sadurní d'Anoia • 938 99 31 78 • ferm. dim. soir et lun. soir • €€€€€.*

5 Fonda Europa
Ce restaurant traditionnel catalan ouvert il y a plus de 150 ans a été précurseur. Plats copieux. 🞧 *Anselm Clavé 1, Granollers • 938 70 03 12 • AH • €€€.*

6 Restaurante Sangiovese
Un cadre contemporain soigné et une cuisine catalane exceptionnelle préparée avec les meilleurs produits locaux. 🞧 *C/Sant Josep 31, Mataró • 937 41 02 67 • €€€€.*

7 Carme Ruscalleda Sant Pau
Carme Ruscalleda est l'un des meilleurs chefs espagnols. Son restaurant dans le joli village balnéaire de Sant Pol de Mar sert une cuisine catalane sublime. 🞧 *C/Nou 10, Sant Pol de Mar • 93 760 06 62 • ferm. dim., lun. jeu. à midi • €€€€€.*

8 Els Pescadors
« Les Pêcheurs » est un restaurant traditionnel qui sert des spécialités locales, comme le poisson bleu. 🞧 *Port d'en Perris 3, l'Escala • 972 77 07 28 • ferm. dim. soir (hiver), jeu. et nov. • €€€€€.*

9 El Celler de Can Roca
Les frères Roca élaborent une cuisine catalane novatrice accompagnée de vins exceptionnels. 🞧 *C/Can Sunyer 48, Girona • 972 22 21 57 • €€€€.*

10 Cal Ton
Un restaurant confortable au cœur de la plus grande zone vinicole de Catalogne. Des plats contemporains à base de produits frais. Le *menu degustació* est recommandé. Bonne carte des vins. 🞧 *C/Casal 8, Villafranca del Penedès • 938 90 37 41 • €€€.*

Sauf indication contraire, tous les restaurants acceptent les cartes de paiement. Informations sur la cuisine et les restaurants p. 138

MODE
D'EMPLOI

BARCELONE TOP 10

Gauche **À l'aéroport** Droite **Logo d'Iberia**

TOP10 Aller à Barcelone

1 En avion
Air France et Iberia proposent des vols réguliers au départ de plusieurs villes françaises. Air Europa, compagnie privée espagnole propose des vols au départ de Paris. Depuis la Belgique, Iberia et Air France proposent des vols directs. Barcelone est desservie depuis la Suisse par Iberia et Air France. Du Québec, Air Canada et Air France assurent la liaison avec Barcelone. Brussels Airlines, Easyjet et Ryan Air, compagnies low cost, desservent Barcelone au départ de Paris, Lyon, Genève ou Bruxelles.
🌐 *Air France 932 147 904*
• *www.airfrance.fr*
🌐 *Iberia 902 400 500*
• *www.iberia.com/frl*
🌐 *Air Europa 902 401 501*
• *www.air-europa.com*
🌐 *Air Canada 932 188 882 ou 932 189 175*
• *www.aircanada.com*
🌐 *Brussels Airlines 0902 51 600*
• *www.brusselsairlines.fr*
🌐 *Easyjet 0899 65 00 11*
• *www.easy-jet.com*
🌐 *Ryanair 932 147 904*
• *www.ryanair.com*

2 Vols à prix réduits
Pour trouver des vols bon marché, le mieux est de vous y prendre à l'avance pour réserver et de ne pas être trop exigeant sur les horaires et escales ! Consultez Internet pour trouver la meilleure offre.

3 L'aéroport
L'aéroport est situé à Prat de Llobregat, 12 km au S de la ville.
🌐 *902 404 704*
• *www.aena.es*

4 De l'aéroport à Barcelone
La navette Aerobús (départ toutes les 6 min de 6 h à 1 h du matin, terminus plaça de Catalunya) marque plusieurs arrêts. Un train RENFE (départ toutes les 30 min) dessert les stations Estació de Sants et Passeig de Gràcia. En taxi, comptez 20-25 €.
🌐 *Aerobús 934 156 020*
🌐 *RENFE 902 240 202.*

5 En train
L'estació de França et l'estació de Sants desservent l'Espagne et l'Europe. La RENFE est la société nationale des chemins de fer.
🌐 *Estació de França, av. Marqués de l'Argentera* • *plan Q5.* 🌐 *Estació de Sants, pl. dels Països Catalans* • *hors plan.* 🌐 *RENFE 902 240 202 (24h/24) www.renfe.es*

6 En bus
Les compagnies Eurolines et Linebús desservent Barcelone au départ de nombreuses villes européennes. Les bus arrivent à l'estació del Nord, la gare routière principale, ou à l'estació de Sants. 🌐 *Estació del Nord, c/Ali Bei 80* • *plan R2* • *902 260 606* • *www.barcelonanord.com*

🌐 *Eurolines 0892 89 90 91 (pour toute la France).*

7 En voiture
Barcelone est située sur l'autoroute AP 7 qui traverse la frontière franco-espagnole et sur une nationale, gratuite.

8 De Barcelone au reste de l'Espagne
Il est facile de se rendre dans les autres villes espagnoles en train, en bus ou en avion. Iberia et sa filiale lowcost Clickair propose de nombreux vols intérieurs, notamment une navette entre Barcelone et Madrid. Spanair, Vueling et Air Europa desservent également les grandes villes espagnoles.
🌐 *Spanair : ww.spanair. com* 🌐 *Vueling : www. vueling.com* 🌐 *Clickair : www.clickair.com*

9 Formalités
Pour les citoyens de l'UE, la carte d'identité en cours de validité suffit, ou un passeport, même périmé depuis moins de 5 ans. Les citoyens suisses et canadiens doivent avoir un passeport en cours de validité. Un visa est nécessaire pour un séjour de plus de 3 mois.

10 Quand y aller
Mai et octobre sont les deux meilleurs mois : juillet et août sont à éviter à cause de la foule des touristes et de la chaleur caniculaire.

Mode d'emploi

Gauche **Logo du métro** Centre **Taxi** Droite **Une peinture murale dans le métro**

🔟 Se déplacer

Métro
Le métro est simple, rapide, étendu et pratique. Il fonctionne toute la nuit le samedi soir. ✆ 933 187 074 • www.tmb.net • ouv. lun.-jeu. 5h-minuit, ven.5h-2h, sam. non stop, dim. 6h-minuit.

FGC
Les trains régionaux FGC (Ferrocarrils de la generalitat de Catalunya) desservent le nord et l'ouest de la ville. Les FGC s'arrêtent dans les principales stations de métro. Les horaires et les tarifs sont les mêmes que pour le métro. ✆ 932 051 515 • www.fgc.cat

Bus
Le réseau de bus couvre toute la ville. La destination est indiquée à l'avant et les arrêts sont bien signalés. Pour des informations sur les itinéraires et les horaires, appelez le 010. ✆ 933 187 074 • www.tmb.net • t.l.j. 6h-22h.

Bus de nuit
Il y a 17 lignes de Nitbús. La plupart passe par la plaça de Catalunya. ✆ 933 187 074 • www.tmb.net

Tickets
Les tickets sont les mêmes pour le métro, les trains FGC, les bus et les Nitbús. Un ticket coûte 1,35 €. Le plus intéressant est d'acheter un ticket T-10 (7,78 €), valable pour 10 trajets d'une durée inférieure à 1 h 15. Il existe aussi des cartes permettant un nombre illimité de trajets, valables 2, 3, 4 ou 5 jours. Les tickets sont en vente dans toutes les stations de métro, aux guichets et dans les distributeurs.

Taxi
Les taxis, noir et jaune, sont facilement identifiables. La lumière verte allumée, sur le toit, indique que le taxi est libre. Pour les courtes distances, à deux, un taxi ne coûte pas plus cher que le métro. La prise en charge est facturée. ✆ Taxi Radio Móvil 933 033 033. ✆ Barna Taxi 933 577 755.

À pied
Les quartiers de Barcelone sont très denses, en particulier la vieille ville et Gràcia : l'unique moyen de les découvrir est de marcher. Le front de mer, de Port Vell au Port Olímpic, est également très agréable pour se promener à pied (p. 58-59).

À vélo
Barcelone compte plus de 70 km de pistes cyclables. Vous pouvez vous procurer une carte des pistes auprès de l'office de tourisme ou des loueurs de vélos. Les environs du port, le Barri Gòtic et le parc de la Ciutadella sont bien adaptés aux balades à vélo. Budget Bikes ou Un Coxte Menys louent des vélos. ✆ Budget Bikes 933 041 885 ✆ Un Coxte Menys 932 853 832.

Handicapés
L'Aerobús (la navette de l'aéroport), les lignes 2 et 11 du métro, tous les Nitbús, et quelques bus et lignes de FGC sont accessibles aux personnes en fauteuil roulant. La compagnie Taxi Amic dispose de véhicules équipés à réserver par téléphone. Pour des informations générales, appelez Informació Transport Adaptat. Pour des informations sur un itinéraire précis, appelez le 010 ou vérifiez sur le site web de TMB, le réseau des bus et métros barcelonais. ✆ Taxi Amic 934 208 088. ✆ Informació Transport Adaptat 934 860 752 ✆ TMB 933 187 074, www.tmb.cat

Circuler en fauteuil roulant
L'institut municipal de Persones amb Diminució (p. 134) a établi une base de données recensant toutes les rues accessibles en fauteuil roulant. Appelez le 010, donnez votre point de départ et votre destination, et on vous indiquera l'itinéraire à suivre et les endroits accessibles sur le chemin.

Gauche **Un billet de train RENFE** Centre **Panneau routier** Droite **Logo de la RENFE**

TOP10 Découvrir la Catalogne

1 En train
Barcelone est bien desservie par la RENFE *(p. 130)*. La plupart des trains régionaux partent de l'estació de Sants *(p. 130)* ou de l'estació Passeig de Gràcia. ◈ *Estació Passeig de Gràcia • pg de Gràcia • plan E2.* ◈ *RENFE 902 240 202.*

2 En car
Les départs se font de la gare routière de l'estació del Nord. Pour plus d'informations, appelez la gare routière. ◈ *Estació del Nord • c/Ali Bei 80 • plan R2* ◈ *902 260 606* • *www.barcelonanord.com*

3 En voiture
Pour explorer les superbes Pyrénées et l'arrière-pays, il est indispensable d'avoir une voiture. Vous trouverez les grandes agences de location au terminal B de l'aéroport. Pour une voiture de catégorie moyenne, comptez entre 240 € et 420 € la semaine. Souvent, il est moins cher de réserver une voiture avant de partir. Pour louer une véhicule, vous devez avoir plus de 25 ans, un permis de conduire valide, une carte de crédit et un passeport. ◈ *Avis 0902 180 854* • *www.avis.com* ◈ *Budget 932 983 600* • *www.budget.com* ◈ *Hertz 913 729 300* • *www.hertz.com*

4 À VTT
Les Pyrénées sont un paradis pour la randonnée à VTT. Prenez les cartes au Turisme de Catalunya ou consultez son site. Le Club Element organise des circuits en VTT dans la vallée de la Cerdagne et le long de la Costa Brava. ◈ *Club Element • pl. Lesseps 33 • 902 190 415.*

5 Croisières
L'Aventura del Nautilus organise des excursions au départ de L'Estartit pour les îles Medes. Les bateaux d'Excursions Marítimas vont de Calella et Blanes à Tossa de Mar. En chemin, ils font escale dans de jolies petites criques. Vous pourrez aussi découvrir les fonds méditerranéens à bord d'un bateau à fond de verre. ◈ *L' Aventura del Nautilus : L'Estartit, 100 km au N de Barcelone • 972 75 14 89.* ◈ *Dofi Jet Boats : Calella, 40 km au N de Barcelone ; Blanes, 60 km au N de Barcelone • 972 352 021.*

6 Circuits en car
Julià Tours et Pullmantur organisent un circuit en car du monastère de Montserrat, de Girona et de la Costa Brava, notamment au teatre-museu Dalí à Figueres. Ils proposent aussi une excursion d'une demi-journée à Montserrat ou dans la région du *cava*

ainsi que des excursions à Vic et à Manresa. Les excursions sont organisées par l'office de tourisme de Barcelone et peuvent être réservées en ligne. ◈ *Office de tourisme de Barcelone • 933 176 454* • *www.barcelonatourisme. com*

7 Autoroutes
Elles sont indiquées par un panneau noir et blanc, portant la lettre N *(Nacional)*. Elles sont moins encombrées entre 14 h et 17 h.

8 Embouteillages
Le meilleur moment pour sortir de Barcelone est la fin de la matinée. Évitez le vendredi soir et les week-ends prolongés *(pont)*. En août, il y a beaucoup de trafic sur les autoroutes.

9 En famille
Les enfants de 4 à 11 ans ont droit à une réduction de 40 % dans les trains de la RENFE.

10 Turisme de Catalunya
L'office de tourisme fournit des cartes de la région, des informations sur les sports en plein air, la liste des festivals, etc. Des expositions temporaires sur la Catalogne y ont lieu. ◈ *Palau Robert, pg de Gràcia 105 • plan E2 • 012 • www.gencat.es/ probert • ouv. lun.-sam. 10h-19h, dim. 10h-14h30.*

Gauche **Golondrine** Droite **Le Bus Turístic, plaça de Catalunya**

Visites guidées et balades

Bus Turístic
Ce bus est une excellente manière de découvrir la ville. L'itinéraire rouge correspond à la visite du nord de Barcelone, l'itinéraire bleu, au sud. Le billet donne droit à des réductions à l'entrée de certains monuments et dans quelques boutiques. ✪ *Départ de la plaça de Catalunya toutes les 5-25 min • t.l.j. 9h-19h (20h avr.-oct.) • billets en vente dans le bus, les offices de tourisme ou sur www. barcelonaturisme.com*

À pied
L'office de tourisme (p. 134) organise des visites thématiques guidées au départ de la plaça de Catalunya (Barri Gòtic, Modernisme, Picasso). Le TravelBar (p. 134) propose aussi des visites à pied.

La Ruta modernista
Le guide de la *Ruta modernista* indique plusieurs itinéraires, une carte et des bons de réduction pour l'entrée de plusieurs sites. Rendez-vous au centre du Modernisme, à l'office de tourisme, plaça de Catalunya ✪ *010*.

Bateau
Admirez Barcelone depuis la mer à bord des *golondrines* (bateaux-mouches). La balade dure 35 min (un départ toutes

les demi-heures). Vous pouvez aussi traverser le port en catamaran au départ du portal de la Pau. La balade est plus longue et permet en plus de découvrir les fonds marins. ✪ *Las Golondrines, portal de la Pau • 934 423 106 • www.lasgolondrinas.com* ✪ *Orsom Catamaran, portal de la Pau • 934 410 537 • www. barcelona-orsom.com*

Téléphérique
Les deux *telefèrics* offrent d'incroyables vues aériennes sur la ville. L'un part de Montjuïc (gare de Miramar), l'autre de la torre de Jaume I et de la torre de Sant Sebastià ✪ *934 414 820*.

Kayak de nuit
Pagayez sous les étoiles et, après une pause bière et grignotage, rentrez à terre pour un barbecue suivi d'un petit verre sur un fond musical concocté par un DJ. La base nautique organise de nombreuses activités. Assurance et équipement compris. ✪ *Base Nàutica Municipal, platja Mar Bella • 932 210 432 • juin-sept. : jeu.-sam. 21h.*

Hélicoptère
Cat Helicopters propose trois tours de Barcelone au départ de leur piste d'atterrissage jusqu'au port. Le Costa Tour de 5 min coûte 45 €

et survole le front de mer. Le Skytour permet de survoler les plus grands sites de la ville, dont la Sagrada Familia (10 min, 80 €), il peut être prolongé jusqu'à Montserrat (35 min, 240 €). ✪ *Heliport, passeig de l'Escullera, moll Adossat • 93 224 07 10.*

À vélo
Un Cotxe Menys, « une voiture de moins », propose des balades à vélo en groupe dans la vieille ville et le parc de la Ciutadella. Scenic loue des vélos. ✪ *Un Cotxe Menys, c/Espartaria 3 • 932 682 105 • www. bicicletbarcelona.com* ✪ *Scenic, carrer Marina 22 • 932 211 666.*

Calèche
Oui, c'est un piège à touristes, mais parcourir la Rambla en calèche sera très amusant pour vos enfants et est un moyen agréable et reposant de découvrir une partie de la ville. ✪ *Départ de la pl. de Portal de la Pau • 934 211 549.*

Tren Turístic
Le train touristique part de la plaça d'Espanya et s'arrête à tous les sites importants de la colline de Montjuïc. Vous pouvez monter et descendre autant de fois que vous le voulez. ✪ *934 14 982 • ouv. avr.-oct.*

Gauche **Logo de l'office de tourisme** Centre **Kiosque à journaux sur la Rambla** Droite **Magazines**

TOP10 Où s'informer

1 Turisme de Barcelona

L'office de tourisme principal se trouve plaça de Catalunya. Vous pourrez vous y procurer un plan gratuit de la ville, réserver un hôtel, changer de l'argent et vous connecter à Internet. L'équipe est multilingue. Un bureau se trouve dans l'estació de Sants et un autre plaça de Sant Jaume I. Pour des renseignements sur le reste de la Catalogne, allez au Turisme de Catalunya (p. 132). En appelant le 010 ou le Turisme de Barcelona, vous obtiendrez des renseignements. ◉ *Turisme de Barcelona, pl. de Catalunya 1* • *plan M1* • *www. barcelonaturisme.com* • *932 853 834* • *ouv. t.l.j. 9h-21h.*

2 Informations touristiques

En été, dans les quartiers touristiques, des agents en veste rouge informent les visiteurs. Il y a des bureaux d'informations sur les Ramblas, à l'estació del Nord et sur la plaça d'Espanya.

3 Magazines

La *Guía del Ocio* donne le programme des salles de concert, de théâtre, de danse et de cinéma, une liste de restaurants et discothèques. Gratuit, le mensuel en anglais *Barcelona Metropolitan* donne des informations sur la culture, les arts, les restaurants et les clubs. *b-guided*, en anglais et en espagnol, donne des adresses branchées de shopping, restaurants et bars.

4 Consulats

De nombreux pays ont un consulat à Barcelone. ◉ *France, Ronda Universidad 22 bis 4e* • *932 703 000* • *www. consulfrance-barcelone.org* ◉ *Belgique, c/Diputació 303 1e* • *934 677 080* • *www.diplomatie.be/ barcelonafr/* ◉ *Suisse, Gran Via de Carlos III 94, 7e* • *934 090 650* • *www.eda.admin.ch/spain* ◉ *Canada, c/Elisenda de Pinós 10* • *932 042 700.*

5 Institut de Cultura de Barcelona

Dans le palau de la Virreina (p. 13), cet institut diffuse des informations sur les événements culturels. ◉ *La Rambla 99* • *933 16 10 00* • *ouv. lun.-sam. 11h-20h, dim. 11h-14h30.*

6 Sites Internet

De nombreux sites Internet traitent de Barcelone ; consultez le site officiel : www. barcelonaturisme.com ou www.bcn.es. Pour des informations sur la Catalogne : connectez-vous au site du Turisme de Catalunya www. catalunyaturisme.com

7 TravelBar

Vous trouverez ici des informations sur la ville et un accès Internet. Ce bar organise des visites guidées à pied (p. 133) et à vélo, un tour des bars de la vieille ville ainsi que des soirées *intercambio* pour améliorer votre espagnol. ◉ *C/Boqueria 27* • *933 425 252.*

8 Panneaux d'affichage de l'université

Si vous cherchez un logement ou des cours d'espagnol bon marché, allez à l'université. ◉ *Gran Via de les Corts Catalanes* • *934 035 417.*

9 Bibliothèque et Institut français

La Biblioteca de Catalunya est la plus grande bibliothèque de Barcelone. Vous pouvez obtenir une carte à la journée avec votre carte d'identité. Si vous cherchez la presse ou des livres en français, allez à l'Institut français. ◉ *Biblioteca de Catalunya, c/Hospital 56* ◉ *Institut français, c/Moià 8* • *935 677 777.*

10 Handicapés

L'institut municipal de Persones amb Disminució fournit des conseils et la liste des lieux accessibles en fauteuil roulant. Sachez qu'à Barcelone, les facilités pour les handicapés sont limitées, surtout pour la visite des vieux bâtiments. ◉ *Av. Diagonal 233* • *934 132 775.*

Gauche **Timbre** Centre **Téléphone public** Droite **Boîte aux lettres**

⑩ Communications

1 Téléphones publics

On trouve des cabines à carte et à pièces dans toute la ville.

2 Cartes téléphoniques

Des cartes Telefónica à 6 € et 12 € sont en vente dans les kiosques à journaux, les centres téléphoniques et les bureaux de tabac *(estanc)*. Pour appeler l'international, les autres cartes (par exemple, Fortune et BT) sont plus intéressantes.

3 Appels internationaux

Pour appeler l'étranger, composez le 00 suivi de l'indicatif national (Belgique 32, Canada 1, France 33, Suisse 41) et du numéro de votre correspondant. Pour appeler l'Espagne de l'étranger, composez le 00 puis le 34 et le numéro souhaité. Pour obtenir une opératrice, composez le 11825. Faites le même numéro pour passer un appel en PCV ou pour obtenir des renseignements internationaux.

4 Appels intérieurs

Un appel local depuis une cabine vers un poste fixe coûte environ 0,20 €. À Barcelone, les numéros commencent par 93. Le reste de la Catalogne est divisé en trois provinces : Lleida (973), Girona (972) et Tarragona (977). Pour obtenir une opératrice, composez le 11818.

5 Centres téléphoniques

Il est plus confortable de téléphoner depuis les *locutoris* que depuis les cabines et c'est souvent meilleur marché. Les prix varient selon les quartiers, les *locutoris* du centre-ville sont les plus chers. Dans le centre, Telecomunicaciones del Caribe propose un tarif intéressant. Le prix de la communication s'affiche sur l'écran des téléphones. ✆ *Telecomunicaciones del Caribe, c/Xuclà 16.*

6 Poste

Les bureaux de poste *(correus)* sont ouverts du lundi au vendredi de 8 h 30 à 20 h et le samedi de 10 h à 13 h. La poste centrale est ouverte toute la journée et propose de nombreux services (envoi de fax et de courrier express). Les boîtes aux lettres sont de couleur jaune vif et ont une fente *ciutat* (ville) et une fente *altres destinacions* (autres destinations). ✆ *Poste centrale, pl. Antoni López • ouv. lun.-sam. 8h30-22h, dim. midi-22h.*

7 Poste restante

Pour recevoir du courrier, la poste centrale est plus sûre. Un pièce d'identité ou sa photoco- pie vous sera demandée pour récupérer vos lettres. ✆ *Faites adresser votre courrier à : Lista de Correos, 08070 Barcelona, Espagne.*

8 Envoi de courrier

Les compagnies privées proposent des services très efficaces pour des envois partout dans le monde qui prennent entre 1 et 5 jours. ✆ *Federal Express 902 100 871.* ✆ *UPS 902 888 820.* ✆ *DHL Worldwide Express 902 122 424.*

9 Accès Internet

Vous trouverez sans difficulté un endroit où surfer, en particulier autour de la plaça de Catalunya et de la Rambla. Les cybercafés sont ouverts jusqu'à 23 h, parfois minuit. Pour l'accès 24h/24, optez pour Workcenter ; pour un bon prix, easyInternet-Café, ouvert jusqu'à 2 h du matin. ✆ *Workcenter : c/Roger de Lluria 2 et Diagonal 439 • 93 317 73 27.* ✆ *easyInternet Café : La Rambla 321 et Ronda Universitat 17.* ✆ *People@Web : c/Provença 367 • 932 070 197.*

10 Fax

La plupart des bureaux de poste et des centres Internet ont aussi un service de fax. Les derniers pratiquent des prix plus intéressants.

Gauche **Guàrdia urbana** Centre **Pharmacie** Droite **Enseigne d'une pharmacie**

⑩ Santé et sécurité

1 Urgences
Le numéro d'urgence 112 permet d'appeler la *policia* (police), les *bombers* (pompiers) et d'obtenir une *ambulància* (ambulance).

2 Police
Pour appeler la police nationale *(policia nacional)* faites le 091, et pour la police locale *(guàrdia urbana)* le 092. Si vous avez été victime d'un délit, rendez-vous au *comissaria* le plus proche. ✆ *Comissaria • vieille ville, c/Nou de la Rambla 76-78 • 933 06 23 00 • Eixample : Gran Vía 256 • 93 424 26 88 • plaça de Catalunya, gare souterraine. • ouv. 24h/24.*

3 Sécurité
Si les vols à la tire sont fréquents, les agressions plus graves sont rares. Les voleurs ont parfois un couteau.

4 Objets de valeur
Laissez votre passeport et tous vos objets de valeur au coffre de votre hôtel. Emportez un minimum d'argent et ne le laissez pas en évidence. Maintenez votre sac devant vous. À la plage, au café et au restaurant, gardez vos affaires sur vos genoux ou attachées. Méfiez-vous de tout contact bizarre ou inutile, verbal ou physique, par exemple une tape sur l'épaule ou un verre renversé à votre table. Les voleurs opèrent souvent à deux : pendant que l'un vous occupe, l'autre dérobe votre argent.

5 Hôpitaux
Vous trouverez un service d'urgences *(urgències)* ouvert 24h/24 à l'hospital de la Creu Roja de Barcelona, à l'hospital de la Santa Creu i de Sant Pau *(p. 103)* et à l'Hospital Clinic. Pour appeler une ambulance, faites le 061. ✆ *Hospital de la Creu Roja de Barcelona, c/Dos de Maig 301 • 934 331 551.* ✆ *Hospital de la Santa Creu i de la Santa Pau, c/Mas Casanovas, 90 • 932 919 000* ✆ *Hospital Clinic, C/Villaroel 170 • 932 275 400.*

6 Médecins et cliniques
L'office du tourisme donne des adresses de médecins parlant français. De nombreuses cliniques reçoivent sans rendez-vous, par exemple la Creu Blanca près de la plaça de Catalunya ou la clinique située au paseo Reina Elisenda de Montcada. ✆ *Creu Blanca, c/Pelai 40 • 934 121 212 • ouv. lun.-sam. 8h30-14h et 16h-20h.*

7 Assurance santé
Avant leur départ, les citoyens de l'UE doivent se procurer la carte européenne d'assurance maladie auprès d'un centre de sécurité sociale, afin d'être remboursé d'éventuels frais médicaux. Il est fortement recommandé aux non-ressortissants de l'UE de souscrire une assurance spéciale.

8 Soins dentaires
Vous trouverez sans difficulté un cabinet dentaire à Barcelone. Nous recommandons la Clínica Dental Barcelona ; leurs cabinets sont généralement ouverts de 9 h à minuit tous les jours. ✆ *Clínica Dental Barcelona, pg de Gràcia 97 • 934 878 329.*

9 Pharmacies
Les pharmacies *(farmàcies)* sont signalées par une grosse croix verte clignotante. Si vous avez besoin d'un conseil, vous trouverez certainement un pharmacien parlant anglais ou français dans les pharmacies de la Rambla. Les pharmacies ouvrent généralement de 10 h à 22 h. Dans chaque quartier, une pharmacie de garde est ouverte de 21 h à 9 h du matin. La liste des pharmacies de garde est affichée dans toutes les officines. Certaines pharmacies, surtout celles de la Rambla, restent ouvertes 24 h/24.

10 Eau potable
L'eau du robinet est parfaitement sûre.

Gauche **Banque** Droite **Billet de 20 euros**

10 Argent et banques

1 L'euro
L'euro est la monnaie officielle en Espagne, comme dans la plupart des pays membres de l'UE. Pour toute information sur l'euro, consultez le site de l'UE.
🔗 *http://ec.europa.eu*

2 Banques
En semaine, les banques sont ouvertes de 8 h à 14 h. Certaines ouvrent en plus de 16 h à 20 h le jeudi et de 8 h à 14 h le samedi, sauf de juillet à septembre. Leurs taux de change sont plus intéressants que celui des bureaux de change, mais leur commission plus élevée. La Caixa de Catalunya de la plaça de Catalunya est ouverte jusqu'à 21 h. Dans l'estació de Sants et à l'aéroport, vous pourrez changer de l'argent dans des succursales tous les jours de 7 h ou 8 h à 22 h.

3 Changer de l'argent
Évitez de changer de l'argent dans les quartiers touristiques : les taux y sont élevés. Les banques proposent de meilleurs taux que les bureaux de change mais, sur la Rambla, les bureaux de change restent ouverts jusqu'à minuit.

4 Distributeurs automatiques
Utiliser sa carte de crédit est pratique. En retirant des petits montants, on évite de prendre des risques en se déplaçant avec des sommes trop importantes. Les ressortissants de l'UE n'ont plus de commission à payer depuis le passage à l'euro, mais ceux des pays non membres de l'UE devront se renseigner sur les commissions facturées par leur banque.

5 Chèques de voyage
Si vous optez pour ce mode de paiement, achetez vos chèques de voyage en euros. Vous pourrez les échanger dans toutes les banques et les grands magasins. Par précaution, conservez une liste des numéros de vos chèques de voyage. American Express et Thomas Cook sont les chèques de voyage les plus connus. La carte de paiement Thomas Cook peut être utilisée dans les distributeurs.
🔗 *American Express : La Rambla 74 • 913 938 216 • ouv. lun.-sam. 9h-21h.*

6 Cartes de paiement
La plupart des hôtels, restaurants et boutiques, acceptent les cartes Visa et MasterCard. La carte American Express est bien acceptée dans les hôtels, moins bien dans les restaurants et les magasins. La carte Diners Club est acceptée dans un restaurant sur deux. Assurez-vous que votre carte de paiement est internationale.

7 Urgence
Si vous avez perdu ou vous êtes fait voler votre carte de paiement, prévenez votre banque et faites une déclaration à la police. Avant de partir, renseignez-vous sur le numéro d'appel international à composer pour faire opposition.
🔗 *Visa 900 991 216*
🔗 *MasterCard 900 971 231* 🔗 *American Express 900 994 426.*

8 Banque en ligne
Pour suivre vos comptes et ne pas avoir de mauvaises surprises, abonnez-vous avant de partir auprès de votre banque à un service de consultation par Internet.

9 Sécurité
Conservez toujours une somme d'argent liquide « de secours » dans vos bagages, séparément de votre portefeuille.

10 Pourboires
Le pourboire n'est pas habituel en Espagne, mais on s'attend à ce que les touristes en laissent un. Il est d'usage de laisser 5 % de la note dans les restaurants et de la course aux chauffeurs de taxi, et environ 50 cents par bagage aux porteurs des hôtels.

Mode d'emploi

Gauche **Petit déjeuner dans un bar** Droite **Une terrasse dans le Barri Gòtic**

ⁱⁱ⁰⁰ Manger

Horaires
Les horaires des repas sont plus tardifs en Espagne que dans le reste de l'Europe. Le déjeuner se prend autour de 14 h ou 15 h, et le dîner après 21 h. Les restaurants sont ouverts de 13 h 30 à 16 h et de 20 h 30 à minuit. Beaucoup ferment un jour par semaine et en août. Les cafés et les bars ouvrent de 7 h 30 à 2 h !

La carte
De plus en plus de restaurants proposent une carte en plusieurs langues. Au déjeuner, optez pour le *menú del dia*, une entrée, un plat, un dessert, de l'eau et du vin à un prix souvent très intéressant. Il est servi de 13 h 30 à 16 h du lundi au vendredi.

Cuisine catalane
La cuisine catalane est un mélange des produits de la mer et de la montagne *(mar i muntanya)*. Le *llagosta i polluastre* est un classique à base de homard et dẽ poulet. Les légumes sont souvent une sorte de ratatouille *(samfaina)* ou des poivrons aux oignons et à l'ail *(escalivada)*. Les saucisses catalanes comme la *botifarra amb mongetes*, une saucisse aux haricots blancs, sont réputées. Le *pa amb tomàquet*, du pain frotté de tomate et recouvert

d'un filet d'huile d'olive est servi partout. Si vous aimez les abats, goûtez le *call* (tripes), une spécialité. Au dessert, savourez la *crema catalana*.

Poissons, fruits de mer et paella
À Barcelone, les restaurants en bord de mer servent la pêche du jour, des spécialités de poisson, des fruits de mer et des paellas. Vous trouverez des restaurants avec terrasse le long du passeig Joan de Borbó, dans le quartier de Barceloneta et au Port Olímpic. On sert la paella le jeudi.

Végétariens
Vous trouverez à Barcelone quelques restaurants végétariens, notamment dans le quartier d'El Raval. Au n° 25 de la carrer Pintor Fortuny, Biocenter propose un buffet de salades à volonté. Mais les tapas sont le moyen le plus simple de se nourrir à Barcelone si l'on est végétarien : beaucoup ne contiennent pas de viande... Les *patates braves* et la *truita de patates* sont très nourrissantes. Et si vous mangez du poisson, vous n'aurez que l'embarras du choix !

Spécialités saisonnières
Les *calçots* sont une spécialité qu'on trouve au

printemps : ces oignons nouveaux cuits au feu de bois sont trempés dans la célèbre sauce *romesco*, une sauce tomate assez épicée. À l'automne, on sert les *bolets* (champignons) légèrement grillés et arrosés d'un filet d'huile d'olive.

Fumeurs et non-fumeurs
Il y a parfois des interdictions de fumer dans certains bars ou restaurants.

Pourboires
Il n'est pas obligatoire de laisser un pourboire. Si vous souhaitez en laisser un, comptez environ 5 % de l'addition, 10 % dans un restaurant chic. Si vous consommez au bar, laissez un peu de monnaie.

Enfants
Les menus enfants sont rares, mais la plupart des restaurants servent des demi-portions.

Handicapés
Il est maintenant obligatoire pour les nouveaux restaurants de prévoir un accès handicapés et au moins un WC adapté. Pour vous procurer la liste des lieux accessibles, contactez l'institut municipal de Persones amb Disminució *(p. 134)*, mais téléphonez toujours avant pour vérifier.

Restaurants et bars à tapas, les meilleures adresses **p. 44-45**

Gauche **Achats, Passeig de Gràcia** Centre **Boutique, C/Portaferrissa** Droite **Boutique, Gràcia**

ᵐⁱ⁰ Achats

Horaires
Les magasins ouvrent du lundi au samedi, de 10 h à 14 h et de 16 h à 20 h. Les grands magasins et certaines boutiques ne ferment pas à l'heure du déjeuner.

Soldes
Les soldes *(rebaixes)* ont lieu aux mois de juillet et d'août, et du 7 janvier à la fin du mois de février.

Remboursement de TVA
Les citoyens de pays non membres de l'UE peuvent obtenir le remboursement de l'IVA (impôt sur la valeur ajoutée) sur la plupart des achats dépassant 90 €. Les boutiques arborant le logo hors taxes fournissent un reçu à présenter à l'aéroport. L'IVA est de 7 % pour les nuitées d'hôtel et les produits alimentaires, de 16 % pour le reste. Les prix affichés comprennent l'IVA.

Cuir
Les cuirs espagnols sont de bonne qualité et bon marché. Bonnes boutiques de chaussures, sur la carrer Portal de l'Àngel, la carrer Pelai, la rambla de Catalunya ou le passeig de Gràcia. Les marques Loewe et Kastoria proposent des articles de bonne qualité.
- Loewe : pg de Gràcia 35
- Kastoria : av. de la Catedral 6-8.

Antiquités
Si vous cherchez des antiquités, allez carrer Banys Nou et carrer de la Palla, dans le Barri Gòtic, et au bulevard dels Antiquaris (p. 50) ou passeig de Gràcia, où sont réunis plus de 60 magasins. Le week-end, faire un tour au mercat dels Antiquaris (p. 53) ou au marché d'antiquités de Port Vell.

Vêtements
Les boutiques du passeig de Gràcia et de l'avinguda Diagonal vendent des articles chics et chers. Si vous cherchez des vêtements branchés, allez carrer Portaferrissa et carrer Pelai. Si vous avez un petit budget, sachez que vous trouverez à tous les coins de rue une boutique Zara, la célèbre chaîne espagnole présente dans toutes les grandes villes européennes. Vous trouverez aussi des boutiques Mango, l'autre grande réussite espagnole, dans toute la ville. Pour ceux qui sont à la recherche de plus d'originalité, de nombreux jeunes créateurs sont installés à Barcelone, par exemple Antonio Miró.
- Zara, pg de Gràcia 16.
- Mango, pg de Gràcia 65 Antonio.
- Antonio Miró, c/Consell de Cent 349.

Tailles
Les tailles suivent les standards européens, mais certaines marques ont tendance à tailler petit. En revanche, les correspondances avec les tailles nord-américaines sont les suivantes : le 6/8 correspond au 36, le 8/10 au 38, le 10/12 au 40, le 12/14 au 42 et le 14/16 au 44. Pour les hommes, le 36 correspond au 46, le 38 au 48, le 40 au 50 et le 42 au 52.

Musique
La FNAC et le grand magasin El Corte Inglés proposent un grand choix de CD, mais les Barcelonais préfèrent les petits disquaires de la carrer Tallers (p. 82) et ceux du quartier de la carrer Riera Baixa (p. 82).

Nocturnes
Les cafés-magasins de la chaîne Vip's vendent des livres, des journaux et de l'alimentation, entre autres. Open Cor vend de tout, des fleurs au papier cadeau en passant par la bière et le vin.
- Vip's, av. Diagonal 3 • ouv. t.l.j. jusqu'à 3h.
- Open Cor, ronda de Sant Pere 33 et Gran de Gràcia 29 • ouv. t.l.j. jusqu'à 2h du matin.

Grands magasins
La chaîne El Corte Inglés possède plusieurs magasins. On y trouve absolument tout.
- El Corte Inglés : pl. de Catalunya 14 ; av. Diagonal 471-473 ; av. Diagonal 617-619. Également d'autres adresses.

Shopping, les meilleurs quartiers p. 50-51

Gauche **Affiche pour des soldes** Centre **Billet de 5 euros** Droite **Menú del dia**

10 Barcelone bon marché

1 Pass touristiques

La Barcelona Card, vendue dans les offices de tourisme et dans les Corte Inglés, donne droit à 50 % de réduction sur certains musées, restaurants, spectacles et les transports gratuits. On peut la prendre pour 2 à 5 jours. L'Articket (20 €) valable 3 mois, permet d'entrer gratuitement dans 7 musées dont le MNAC (p. 18-19), le MACBA (p. 28-29) et la fundació Joan Miró (p. 22-23). Elle est en vente à l'office de tourisme de la plaça de Catalunya (p. 134) et dans les musées eux-mêmes.

2 Musées

De nombreux musées sont gratuits le 1er dimanche du mois, notamment le museu Picasso (p. 24-25) et le MNAC (p. 18-19). Vous trouverez la liste des musées gratuits un jour par mois à l'office de tourisme. La plupart des musées accordent une réduction de 30 % à 50 % ou l'entrée gratuite aux plus de 65 ans.

3 Transports en commun

Si vous restez quelques jours, achetez un ticket T-10, valable pour 10 trajets inférieurs à 1 h 15, ou un pass valable pour un nombre illimité de trajets durant 2, 3, 4 ou 5 jours (p. 131) dans le métro, les bus et les trains FGC.

4 Spectacles

Les salles de concert ou d'opéra (septembre à juillet) vendent des places à visibilité réduite à des tarifs intéressants. Le Gran Teatre del Liceu (p. 66) vend des billets à prix réduits pour des concerts de musique classique et des opéras. Deux fois par mois, le palau de la Música catalana (p. 26-27) propose des tarifs réduits en matinée le week-end. Pour plus d'informations, contactez l'institut de Cultura, dans le palau de la Virreina (p. 13).
§ *Gran Teatre del Liceu,* billetterie 934 859 900.
§ *Institut de Cultura* 933 017 775.

5 Alimentation

Acheter de quoi pique-niquer au marché (p. 52-53) et s'installer sur une place ou dans un parc pour manger est très économique. Le *menú del dia* (menu du jour) proposé du lundi au vendredi dans la plupart des restaurants est souvent copieux et bon marché. Manger assis au bar est une solution encore moins chère. Un supplément est souvent facturé en terrasse.

6 Restauration rapide

Les chaînes espagnoles de restauration rapide Pans & Company et Bocatta ont des boutiques dans toute

la ville. De 10 h à midi et de 16 h à 19 h, c'est encore moins cher !

7 Boissons

Boire une bouteille de vin achetée au supermarché est l'option la moins coûteuse mais, dans le Barri Gòtic et El Raval, de nombreux petits bars pratiquent des prix raisonnables. Les bières espagnoles en bouteille, Estrella ou San Miguel, et la bière pression *(canya)* coûtent moins cher que les bières d'importation.

8 Hôtels

En basse saison, (octobre à avril) hôtels et billets d'avion sont moins chers. Cela peut être la même chose en août, où la plupart des magasins sont fermés ; vous pouvez tenter de négocier au moment de la réservation ou voir les offres sur Internet.

9 Bars d'hôtels

La plupart des bars des grands hôtels sont ouverts au public. Près du Port Olímpic, le bar de l'hotel Arts (p. 143) est magnifique : commandez un cocktail et laissez-vous bercer par le piano.

10 Cinémas

Le lundi ou le mercredi, *el dia del espectador*, et en matinée (avant 14 h 30), les places de cinéma (p. 67) sont moins chères pour tous.

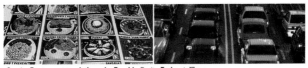

Gauche **Restaurant touristique, La Rambla** Droite **Embouteillage**

TOP 10 À éviter

1 Quartiers
Le soir, méfiez-vous des ruelles et des rues désertes de la vieille ville, en particulier dans El Raval et le Barri Gòtic où les voleurs opèrent souvent en bande. Soyez très vigilant entre 21 h et minuit, l'heure des pickpockets. Les voleurs aiment aussi les petites heures du matin, entre 3 h et 6 h, juste après la fermeture des bars et discothèques.

2 Articles de cuir trop chers
Évitez les magasins de la Rambla et des rues autour : les prix y sont souvent trop élevés pour des articles de qualité médiocre. Allez plutôt dans les boutiques réputées (p. 50-51) ou dans celles recommandées par l'office de tourisme.

3 Arnaques sur la Rambla
Quand vous vous promenez sur la Rambla, ne vous laissez pas distraire par les joueurs regroupés autour de tréteaux de fortune. Le jeu de hasard auquel ils semblent jouer n'est qu'un habile moyen de délester le portefeuille des touristes. Si vous entrez dans le jeu, les personnes qui vous féliciteront ne seront que des complices et, même si vous gagnez au début, la chance tournera et vous vous retrouverez

sans un euro. Évitez aussi les gitanes qui cherchent à vous vendre des fleurs tout en vous faisant les poches.

4 Restaurants touristiques
La plupart des restaurants en terrasse qui bordent la Rambla ne servent que des paellas et tapas pour touristes, de qualité médiocre et à des prix excessifs. Les restaurants établis dans les rues latérales sont généralement bien meilleurs.

5 La foule
Évitez la foule et les files d'attente en visitant les monuments et les musées le matin à l'ouverture ou en fin de journée, 1 h avant la fermeture. L'été, allez à la plage plutôt en semaine et l'après-midi.

6 Change
Fuyez les bureaux de change de la Rambla, ceux de la plaça de Catalunya et ceux situés à proximité des sites touristiques. Les commissions y sont bien plus élevées que dans les banques. Si aucune commission n'est facturée, cela veut dire que le taux de change n'est pas intéressant.

7 Le look touriste
Mieux vaut ne pas trop montrer que vous êtes un touriste : cachez

votre appareil photo ou votre caméscope. Il est plus prudent d'éviter les grosses coupures et de ne pas porter de bijoux de valeur. Quand vous consultez votre guide ou une carte, gardez l'œil sur vos affaires.

8 Embouteillages
Pour éviter les heures de pointe, partez en fin de matinée (entre 10 h et 13 h) ou d'après-midi (entre 17 h et 19 h). Le trafic est intense entre 14 h et 16 h, lors de la pause déjeuner des Barcelonais. Évitez de quitter la ville le vendredi soir, surtout l'été, vous seriez avec tous les Barcelonais !

9 Le mois d'août
Au mois d'août, de nombreux bars, restaurants, cafés, boutiques et mêmes certains sites ferment. Les Barcelonais partent en vacances, la ville se remplit de touristes et l'ambiance n'est plus la même... Si vous décidez malgré tout de visiter Barcelone au mois d'août, téléphonez toujours avant de vous déplacer.

10 Les musées le lundi
Beaucoup de grands musées ferment le lundi. C'est le cas notamment du museu Picasso (p. 24-25) et du MNAC (p. 18-19). Vérifiez les horaires avant de vous déplacer.

Gauche **Une chambre de l'hotel Mesón Castilla** Droite **Une suite de l'hotel Claris**

TOP 10 Se loger

1 Réserver

En haute saison (de mars à juillet et septembre), les hôtels, *pensions* et *hostals* se remplissent très rapidement et il est indispensable de réserver. Hors saison (d'octobre à mars et août), on trouve des tarifs promotionnels.

2 Quartiers bon marché

Beaucoup de pensions et *hostals* bon marché sont situés sur la Rambla et dans les rues autour, ainsi que dans El Raval, le Barri Gòtic et sur la plaça Reial.

3 Pensions et hostals

Les *hostals* sont de petites pensions modestes de 1 à 3 étoiles. Les *hostals* et *pensions* recommandés par l'office de tourisme proposent des chambres propres et sûres, *amb bany* (avec salle de bains) ou *sense bany* (sans salle de bains), la plupart ont un lavabo.

4 La meilleure chambre

Pour avoir la meilleure chambre, il suffit parfois de la demander ! Dans la vieille ville, la plupart des *hostals* et *pensions* ont des chambres avec un joli balcon : demandez une « *habitació exterior amb balcó* ». S'il n'y a pas de balcon mais une jolie vue, demandez une

« *habitació exterior amb vistes* ». Et si vous avez le sommeil léger, préférez une chambre sur cour : une « *habitació interior* ».

5 Seul

Les *hostals* et les *pensions* proposent rarement des chambres simples. La loi impose toutefois aux hôteliers de céder aux personnes seules les chambres doubles à un prix forfaitaire. Les tarifs doivent être affichés à la réception ou dans les chambres.

6 En famille

Beaucoup d'hôtels offrent des réductions pour les enfants de moins de 12 ans s'ils partagent la chambre des parents sur un lit d'appoint.

7 Sécurité

Si vous logez en camping ou en auberge de jeunesse, apportez un cadenas et une chaîne pour attacher vos bagages. Laissez toujours vos objets de valeur dans un coffre. Les établissements en possèdent généralement un.

8 Service de réservation et Internet

L'office de tourisme de la plaça de Catalunya *(p. 132)* propose un service de réservation, très utile si vous arrivez sans rien avoir prévu.

La plupart des hôtels proposés sont des 3 étoiles ou plus, et vous devrez verser des arrhes. L'office de tourisme donne également la liste des *hostals* et *pensions* les meilleur marché de Barcelone. Pour réserver par Internet, connectez-vous à www.barcelona hotels.es ou à www.bar celonaturisme.com

9 Cases de pagès

Découvrez la campagne catalane en séjournant dans les *cases de pagès*, des chambres d'hôtes qui vont de la petite maison avec quelques chambres à la grande ferme traditionnelle luxueuse. Le Turisme de Catalunya *(p. 132)* donne la liste des *Gîtes de Catalunya* et vend le guide général, avec photos, des *cases de pagès*. Des informations sont également disponibles sur le site www.gencat.es/probert

10 Refuges

Dans les Pyrénées et dans toutes les régions montagneuses, les randonneurs peuvent dormir dans les *refugis* (refuges). Le logement y est simple : des lits de camp en dortoirs, et bon marché. L'été, il y a beaucoup de monde, pensez à réserver. Les offices de tourisme et le Turisme de Catalunya *(p. 132)* donnent la liste des *refugis*.

Si vous cherchez un logement à long terme, méfiez-vous des agences qui vous proposent des listes payantes : c'est une arnaque.

Façade de l'hotel Claris

TOP10 Hôtels de luxe

1 Hotel Arts
À deux pas de la mer, cet hôtel 5 étoiles possède de splendides et vastes chambres et plusieurs restaurants de luxe. De la piscine en plein air, on a une vue superbe. ⌖ C/Marina 19-21 • plan G5 • 93 221 10 00 • www.hotelartsbarcelona. com • AH • €€€€€.

2 Hotel Claris
Dans l'Eixample, le palais (XIXe s.) des comtes de Vedruna est aujourd'hui un hôtel. La collection d'art précolombien du propriétaire actuel, également directeur du Museu egipci voisin (p. 105), y est exposée. Les clients de l'hôtel ont droit à une entrée gratuite au Museu egipci. ⌖ C/Pau Claris 150 • plan E2 • 93 487 62 62 • www.derbyhotels.es • AH • €€€€€.

3 Hotel Palace Barcelona
Fondé en 1919, ce palace au service impeccable respire le style et l'élégance. Le restaurant Caelis sert une nouvelle cuisine espagnole de qualité. Certaines parties de l'hôtel sont en rénovation. ⌖ Gran Via de les Corts Catalanes 668 • plan F3 • 93 510 11 30 • www. hotelpalacebarcelona.com • AH • €€€€€.

4 Hotel Majestic
Cet hôtel porte bien son nom : une décoration splendide, un service impeccable et une piscine sur le toit avec une vue sur toute la ville. Il est à quelques pas des merveilles modernistes. ⌖ Pg de Gràcia 68 • plan E2 • 93 488 17 17 • www. hotelmajestic.es • €€€€€.

5 Hotel Omm
Conçu par l'architecte catalan réputé Juli Capella, c'est l'un des hôtels les plus modernes de la ville – excellent bar-restaurant (p. 107), magnifique Spa et vues somptueuses sur la ville de la piscine sur le toit. ⌖ C/Rosselló 265 • plan E2 • 93 445 40 00 • www.hotelomm.es • €€€€€.

6 Prestige Passeig de Gràcia
Ce petit hôtel (45 chambres) revendique l'excellence de son service de conciergerie. Il est idéalement situé près du très commerçant passeig de Gràcia. ⌖ Passeig de Gràcia 62 • plan E3 • 93 272 21 00 • www.prestigehotels.com • €€€€€.

7 Granados 83
Les chambres de cet hôtel design ont été décorées avec du bois d'Afrique et des objets d'art hindous et bouddhiques. Les suites disposent de terrasses donnant sur un bassin. Il y a un restaurant et une jolie piscine sur le toit avec un bar bien décoré. ⌖ C/Enric Granados 83 • plan E • 93 429 96 70 • www.derbyhotels.es • AH • €€€€€.

8 Casa Camper
Aménagé dans une maison du XIXe siècle, l'hôtel allie confort et modernité. Grandes chambres, terrasse sur le toit, merveilleux jardin vertical et bar gratuit ouvert 24h/24. ⌖ Elisabets 11 • plan L2 • 93 342 62 80 • www. casacamper.com • AH • €€€€€.

9 Hotel Rey Juan Carlos I
Cet hôtel immense possède un jardin réservé à la clientèle. Les chambres sont vastes et modernes. Des étages supérieurs, la vue sur la ville et les montagnes est magnifique. L'hôtel possède une salle de conférences pouvant accueillir 2 500 personnes. ⌖ Av. Diagonal 661-671 • hors plan • 93 364 40 40 • www.hrjuancarlos.com • AH • €€€€€.

10 Grand Hotel Central
Ce vaste et élégant hôtel est idéalement situé, près du Barri Gòtic et du Born. Mais son point fort est l'époustouflante piscine sur le toit et sa vue spectaculaire sur Barcelone. ⌖ Via Laietana 30 • plan E4 • 93 295 79 00 • www.grandhotelcentral • €€€€€.

Sauf indication contraire, les hôtels acceptent les cartes de paiement et proposent des chambres avec climatisation et salle de bains.

Gauche **Salon de l'hotel Mesón Castillan** Droite **Piscine de l'hotel Ducs de Bergara**

TOP 10 Hôtels historiques

1 Hotel Mesón Castilla

Au cœur d'El Raval, ce palais du début du XXe s. est aujourd'hui un hôtel plein de charme et bien entretenu. Le salon et les chambres sont meublés à l'ancienne. Le petit déjeuner est servi dans le patio. ⊗ C/Valldonzella 5 • plan L1 • 93 318 21 82 • www. mesoncastilla.es • €€€.

2 Hotel Ducs de Bergara

Cet hôtel luxueux occupe un bel édifice moderniste de 1898. Les chambres sont confortables. La cour intérieure abrite une piscine. ⊗ C/Bergara 11 • plan L1 • 93 301 51 51 • www.hoteles-catalonia. es • AH • €€€€.

3 Gran Hotel La Florida

Dans une villa moderniste sur les hauteurs de Barcelone, cet hôtel luxueux a été magnifiquement rénové par les meilleurs architectes et designers. ⊗ Ctra Vallvidrera al Tibidabo 83-93 • 93 259 30 00 • www.hotellaflorida. com • €€€€€.

4 Hotel Neri

Installé dans un palais du XVIIe s. au cœur du Barri Gòtic, cet hôtel allie avec bonheur histoire, avant-garde et glamour : accès Internet dans toutes les chambres, bibliothèque, solarium. Du toit, on voit la cathédrale. ⊗ C/Sant Sever 5 • plan M3 • 93 304 06 55 • www. hotelneri.com • €€€€.

5 Hotel Oriente

Cet hôtel est une véritable institution dans le Barri Gòtic. Il a accueilli de nombreuses stars, en particulier les chanteurs du Liceu (p. 12). L'hôtel a été fondé en 1842 sur l'emplacement d'un monastère franciscain. L'Oriente est aujourd'hui un peu défraîchi, mais c'est ce qui fait son charme. ⊗ La Rambla 45 • plan L4 • 93 302 25 58 • www.hotelhusaoriente. com • €€€.

6 1898

Cette ancienne fabrique de tabac du XIXe s. a été transformée en un hôtel chic. Éléments anciens et aménagements du XXIe s. se mêlent avec bonheur. Piscine, salle de fitness et restaurant. ⊗ La Rambla 109 • plan L2 • 95 552 95 52 • www. barcelonahotel1898.com • AH • €€€.

7 Hotel Duquesa de Cardona

Ce nouvel hôtel aménagé dans un bâtiment du XVIe s. allie une structure ancienne à un décor avant-gardiste et des équipements modernes. La plupart des chambres donnent sur Montjuïc et sur Port Olímpic. ⊗ Paseo Colón 12 • plan M6 • 93 268 90 90 • www.hduquesade cardona.com • €€€€€.

8 Hotel Montecarlo

Cet hôtel est tenu par une famille sympathique. Sa façade 1930 est très belle de nuit lorsqu'elle est éclairée. La plupart des chambres possèdent un balcon donnant sur la Rambla, toutes sont lumineuses. ⊗ La Rambla 124 • plan L2 • 93 412 04 04 • www.montecarlobcn. com • €€€€.

9 Casa Fuster

Conçu par le célèbre architecte moderniste Domènech i Muntaner, c'est l'un des plus prestigieux hôtels de la ville. Les détails modernistes se mêlent aux aménagements les plus contemporains ⊗ Passeig de Gràcia 132 • plan E1 • 93 255 30 00 • www. hotelcasafuster.com • €€€€€.

10 Hotel España

Construit en 1899 sur les plans de Lluís Domènech i Muntaner, l'hôtel est un exemple de l'architecture moderniste à Barcelone. Les chambres sont un peu défraîchies mais offrent tout le confort moderne. Le restaurant (p. 87) est décoré de motifs floraux en mosaïque. ⊗ C/Sant Pau 9-11 • plan L4 • 93 318 17 58 • www.hotelespanya. com • AH • €€.

Catégories de prix

Pour une chambre double, petit déjeuner, taxes et service compris.

€ Moins de 60 €
€€ De 60 à 120 €
€€€ De 120 à 180 €
€€€€ De 180 à 240 €
€€€€€ Plus de 240 €

Façade de l'hotel Colón

TOP 10 Hôtels dans la vieille ville

Hotel Colón
Cet hôtel familial, situé au cœur du Barri Gòtic, a une décoration plutôt traditionnelle mais offre une vue superbe sur la plaça de la Seu et sur la cathédrale.
🕾 Av. de la Catedral 7 • plan N3 • 93 301 14 04 • www.hotel colon.es • €€€.

Hotel 54 Barceloneta
Le quartier en bord de mer de Barceloneta dispose de peu d'hôtels. Ce nouvel hôtel au design contemporain idéalement situé sur le port, est bienvenu. Les chambres, de taille modeste mais lumineuses, sont à es prix raisonnables.
🕾 Passeig Joan de Borbó 54 • plan F6 • 93 225 00 54 • www. hotel54barceloneta. com • €€€.

AC Miramar
Le célèbre architecte Oscar Tusquets a dessiné ce spectaculaire hôtel qui bénéficie d'un emplacement unique sur la colline de Montjuïc. La vue sur toute la ville et sur la mer est à couper le souffle. Les hôtes profiteront en outre de somptueux jardins, d'un Spa luxueux et d'un délicieux restaurant. 🕾 Plaça Carlos Ibáñez 3 • plan C5 • 93 281 16 00 • www. hotelmiramarbarcelona. es • €€€€€.

Hotel Banys Orientals
Un hôtel moderne et confortable, avec accès Internet gratuit dans toutes les chambres. À deux pas de la cathédrale, du museu Picasso et de la plage de Barceloneta. Les somptueuses suites sont dans un autre bâtiment.
🕾 C/Argenteria 37 • plan N4 • 93 268 84 60 • www.hotelbanys-orientals.com • €€€.

Hotel Avinyó
Cet hôtel ultramoderne, situé dans l'une des rues les plus branchées du Barri Gotic, bénéficie d'équipements, exceptionnels pour un hôtel 3 étoiles : système Wi-Fi, TV à écran plasma et une toute petite piscine sur le toit.
🕾 C/ Avinyó 16 • plan M5 • 90 249 54 96 • €€€.

Park Hotel
Cet établissement classique des années 1950, dans le quartier branché d'El Born, a été rénové dans les années 1990. Les chambres sont petites mais bien meublées.
🕾 Av. Marquès de l'Argentera • plan F5 • 93 319 60 00 • www. parkhotelbarcelona.com • €€€.

Jazz
Cet hôtel moderne n'est pas le plus stylé de la ville, mais il est bien placé et possède de nombreux équipements dont une petite piscine sur le toit. Les prix sont intéressants. 🕾 C/Pelai 3 • plan L1 • 93 552 96 96 • www.nnhotels.com • €€€.

Petit Palace Opera Garden
Les chambres de cet hôtel à deux pas de la Rambla sont décorées selon un thème musical. Le grand jardin éclairé par des bougies est très romantique.
🕾 C/Boqueria 10 • plan L4 • 93 302 00 92 • www. hthoteles.com • €€€.

Soho
Cet hôtel raffiné qui a ouvert en 2007 a été dessiné par l'architecte espagnol réputé Alfredo Arribas. Situé dans l'Eixample, il est idéal pour faire du shopping et profiter de la vie nocturne barcelonaise.
🕾 Gran Via Corts Catalanes 543 • plan D3 • 93 552 96 10 • www. hotelsohobarcelona.com • €€€€.

AB Skipper
Sur le front de mer, l'hôtel permet de se reposer de l'agitation de la ville. L'établissement 5 étoiles possède de nombreux équipements. Il a été conçu pour les hommes d'affaires ; prix d'appel le week-end.
🕾 Av. Litoral 10 • plan G6 • 93 221 65 65 • www.hotelabskipper. com • €€€€€.

Gauche **Hostal Jardí** Droite **Hall d'entrée de l'hostal Oliva**

TOP10 Hôtels bon marché

1 Hostal Residència Rembrandt

Des chambres impeccables – certaines avec salle de bains – et un personnel polyglotte accueillant en font un *hostal* parfait. Demandez une chambre avec un balcon pour observer l'animation du Barri Gòtic. ◈ *C/Portaferrissa 23 • plan M3 • 93 318 10 11• www. hostalrembrandt.com • €.*

2 Hostal Oliva

Un des meilleurs *hostals* de Barcelone. Tenu par une sympathique famille, il occupe un bâtiment moderniste. Les chambres sont très claires et d'une propreté irréprochable, certaines ont une salle de bains. ◈ *Pg de Gràcia 32 • plan E3 • 93 488 01 62 • www.lasguias.com/ hostaloliva • Pas de cartes de paiement • €€.*

3 Hostal Goya

Cet *hostal* bien tenu accueille des voyageurs depuis 1952. Les spacieuses chambres du 1er étage ont été rénovées. Les chambres de l'étage supérieur sont moins chères, mais pleines de charme avec leur vieux sol carrelé. Presque toutes ont une salle de bains et certaines sont climatisées. ◈ *C/Pau Claris 74 • plan N1 • 93 302 25 65 • www. hostalgoya.com • €€.*

4 Hostal Fernando

Central, clair et très propre, cet *hostal* propose des chambres doubles avec ou sans salle de bains, et des dortoirs de 4 à 8 lits. Les bagages peuvent être laissés à la consigne. ◈ *C/Ferran 31 • plan L4 • 93 301 79 93 • www.hfernando.com • €.*

5 Market

À côté du marché moderniste de Sant Antoni, l'hôtel a beaucoup de style. Les chambres ont une décoration orientalisante. Le petit déjeuner se prend dans la salle du restaurant. Réservez longtemps à l'avance. ◈ *Passatge Sant Antoni Abat 10 • plan D3 • 93 325 12 05 • www. markethotel.com.es • €€.*

6 Hostal Jardí

Situé au cœur du Barri Gòtic, cet établissement vient d'être rénové. Les chambres, toutes équipées d'une salle de bains, sont meublées en bois clair. La salle du petit déjeuner est dotée de balcons qui donnent sur la place. ◈ *Pl. Sant Josep Oriol 1 • plan M3 • 93 301 59 00 • €€.*

7 Hostal Palacios

Ce ravissant *hostal* est aménagé dans une maison moderniste qui a conservé de magnifiques portes sculptées et de superbes carrelages colorés. Les chambres disposent de salles de bains modernes. ◈ *Rambla de Catalunya 27 • plan E3 • 93 301 30 79 • www. hostalpalacios.com • €€.*

8 Bonic

Cet hôtel charmant est une aubaine pour les petits budgets. Nombreux plus : thé gratuit, café, muffins, accès Internet. Les salles de bains sont collectives. ◈ *C/Josep Anselm Clavé 9 • plan L6 • 62 605 34 34 • www.bonic-barcelona. com• €€.*

9 Chic and Basic

Cette maison de ville du XIXe s. a été transformée en hôtel branché. Les chambres sont d'un blanc minimaliste et les salles de bains en verre et en acier. Le White Bar est aussi très populaire. ◈ *C/Princesa 50 • plan P4 • 93 295 46 52 • www. chicand basic.com • €€.*

10 Gat Xino

C'est le deuxième hôtel du groupe Gat Accomodation et il est réprésentatif du style de la chaîne : une décoration sobre, un design moderne et des prix raisonnables. Si vous pouvez, craquez pour la suite, elle est dotée d'une ravissante terrasse. ◈ *C/Hospital 149 • plan K3 • 93 324 88 33 • www.gatrooms.es • €.*

Sauf indication contraire, tous les hôtels acceptent les cartes de paiement et proposent des chambres avec climatisation et salle de bains.

Catégories de prix

Pour une chambre double, petit déjeuner, taxes et service compris.

€ Moins de 60 €
€€ De 60 à 120 €
€€€ De 120 à 180 €
€€€€ De 180 à 240 €
€€€€€ Plus de 240 €

Premier étage de la alberg de yuventut Gothic Point

TOP 10 Auberges de jeunesse

1 Alberg de yuventut Gothic Point

Auberge de jeunesse centrale et bien tenue, avec des dortoirs de 8 à 16 lits. Le petit déjeuner est compris. L'accès Internet est possible 24h/24. Pour rencontrer d'autres voyageurs, montez sur le toit-terrasse. ◎ C/Vigatans 5 • plan N4 • 93 268 78 08 • www.equity-point.com• €.

2 Alberg de yuventut Ideal

Cette auberge propose des dortoirs de 4, 6 ou 8 lits, avec balcon, toilettes et douche. Petit déjeuner inclus. Accès Internet gratuit. Laverie. ◎ C/Unió 12 • plan L4 • 93 342 61 77 • www.idealhostel.com• €

3 Feetup Hostel-Garden House

Cette auberge chaleureuse est située à l'extérieur de la ville, près du parc Güel mais à seulement 15 min en métro du centre-ville. Il y a un joli jardin et une agréable terrasse sur le toit. L'atmosphère y est décontractée. ◎ C/d'Hedilla 58 • 93 427 24 79• www.feetuphostels.com • €.

4 Hostal Downtown Paraiso

Cette auberge tenue par quatre anciens grands voyageurs est idéale pour les jeunes routards. Elle est centrale, draps et couvertures sont fournis sans supplément et il y a un large choix de chambres avec ou sans salle de bains. ◎ C/Junta de Comerç 13 • plan K4 • 93 302 16 34 • www.downtownparaisohostel.com • €.

5 Alberg Kabul

C'est l'une des auberges favorites des jeunes routards. Certains dortoirs (4-12 lits) ont un balcon qui donne sur la plaça Reial (p. 36). Laverie, accès Internet (à pièces) et consignes à la disposition des clients. La journée, une petite cafétéria sert des repas bon marché. ◎ Pl. Reial 17 • plan L4 • 93 318 51 90 • www.kabul.es • €.

6 Barcelona Dream

L'hôtel est à 20 min de métro du centre et à proximité des plages. Les prix sont raisonnables pour des chambres de 2 à 12 personnes. Cuisine et laverie à disposition. ◎ Av. Alonso XIII, Badalona • 99 399 14 20 • www.barcelonadream.net • €€.

7 Hostal Centric Point

Dans un immeuble moderniste restauré, cette auberge possède de grands dortoirs ainsi que des chambres simples ou doubles avec salle de bains. Salle commune avec bar, TV satellite et accès Internet gratuit. ◎ Passeig de Gràcia 33 • plan E3 • 93 215 65 38 • www.equity-point.com • €.

8 Melon District

Cette auberge de jeunesse loue des chambres pour des courts ou longs séjours Les chambres ne sont pas grandes mais bien aménagées. ◎ Av. Paral.lel 101 • plan D4 • 93 217 88 12 • www.melondistrict.com • €.

9 Mambo Tango

Toto et Marino, deux anciens voyageurs, tiennent cette auberge chaleureuse – dortoirs pour 4, 6 et 8 personnes. La location des draps est comprise dans le prix. Un home cinema fait partie de l'ensemble. Les fêtards ne sont pas bienvenus, aussi êtes-vous sûr de pouvoir compter sur une bonne nuit de sommeil. ◎ C/Poeta Cabanyes 23 • plan C4 • 93 442 51 64 • www.hostelmambo-tango.com • €.

10 Hostal Itaca

Dans le cœur du Barri Gòtic, cette auberge propre et chaleureuse peut accueillir 30 personnes dans des chambres pour 2, des dortoirs (6 personnes maximum) ou des appartements. Literie et verrous sont compris dans le prix. ◎ C/Ripoll 21 • plan N3 • 90 301 97 51 • www.itacahostel.com • €.

Gauche **Au camping Tamariu** Droite **Piscine, Aparthotel Bertran**

10 Campings et appartements

1 Camping Roca-Grosa

Situé entre les montagnes et la mer, ce camping est doté d'installations modernes et d'un accès à la plage voisine. Il dispose également d'une grande piscine, d'un restaurant et d'un bar et n'est situé qu'à 1 km de la station animée de Calella. ⊗ *Ctra/N-11, km 665, Calella • 93 769 12 97 • www.rocagrosa.com • €.*

2 Camping Sitges

Ce petit camping bien entretenu, avec piscine, supermarché et aire de jeux, est situé à 2 km au sud de Sitges, tout près de ses plages. ⊗ *Ctra, Comarcal 246, km 38, Sitges • 93 894 10 80 • www.campingsitges.com • ferm. mi-oct. fév. • €.*

3 Camping Masnou

À 12 km au nord de Barcelone, ce camping est situé face à la mer et dispose d'une jolie petite plage. Il abrite un supermarché, un restaurant et un bar. ⊗ *Camil Fabra 33 (N-11, km 663), El Masnou • 972 45 41 74 • cartes de paiement à partir de 100 € • AH • €.*

4 Camping Tamariu

Ce camping situé sur la Costa Brava est à proximité de la jolie station balnéaire Tamariu. La plage est à 200 m du camping. ⊗ *Costa Rica 2, près de Tamariu, 5 km à l'E de Palafrugell • 972 62 04 22 • www.campingtamariu.com • ferm. oct.-avr. • €.*

5 Camping Barcelona

Une petite plage jouxte ce camping en bord de mer, à 28 km au nord de Barcelone. À proximité : de grandes plages et la gare (1 km). On peut aussi louer des bungalows. ⊗ *Carretera A 2, km 650, 8 km à l'E de Mataró • 93 790 47 20 • www.campingbarcelona.com • ferm. nov.-mars • AH • €.*

6 Camping Globo Rojo

Non loin des plages de Canet de Mar, ce camping qui dispose d'une piscine, d'un court de tennis et de nombreuses autres activités sportives est idéal pour les enfants. ⊗ *Ctra/N-11 ; km 660, 9 ; Canet de Mar • 93 794 11 43 • www.globo-rojo.com • ferm. mi-oct.-mi-mars • AH • €.*

7 Citadines

Si Barcelone vous a séduit, séjournez-y plus longtemps dans un *apart-hotel*. Les Citadines, sur la Rambla, proposent des studios et des petits appartements bien équipés : cuisine, fer à repasser, chaîne avec lecteur CD. Sur le toit, des chaises longues et des douches sont à la disposition des clients. ⊗ *La Rambla 122 • plan L2 • 93 270 11 11 • www.citadines.com • €€€.*

8 Aparthotel Bertran

Grands studios et appartements, la plupart avec balcon. Vous pourrez profiter de la terrasse et de la piscine sur le toit, d'une petite salle de gym et d'un service de blanchisserie 24h/24. Le petit déjeuner est servi dans les appartements. ⊗ *C/Bertran 150 • 93 212 75 50 • www.bertran-hotel.com • €€€.*

9 Atenea Aparthotel

Conçu à l'intention des hommes d'affaires, cet *aparthotel* de luxe est proche du quartier des affaires, en haut de l'avinguda Diagonal. Les appartements sont spacieux et bien équipés. Service de blanchisserie 24h/24. ⊗ *C/Joan Güell 207-211 • 93 490 66 40 • www.city-hotels.es • €€€.*

10 Habit Servei

Cette agence immobilière propose à la location des appartements meublés pour des courts ou longs séjours, et des appartements en colocation. Comptez environ 900 €/mois. ⊗ *C/ Muntaner 200 • plan D2 • 93 240 50 23 • www.habitservei.com*

Sauf indication contraire, les campings sont ouverts toute l'année mais la plupart, d'octobre à mars, n'ouvrent que le week-end.

La Costa Brava

Catégories de prix

Pour une chambre double, petit déjeuner, taxes et service compris.

€ Moins de 60 €
€€ De 60 à 120 €
€€€ De 120 à 180 €
€€€€ De 180 à 240 €
€€€€€ Plus de 240 €

Hôtels en Catalogne

Mode d'emploi

La Torre del Remei
Proche de Puigcerdà, dans les Pyrénées, l'hôtel occupe un palais moderniste de 1910. Chambres superbes, piscine extérieure chauffée, restaurant excellent et vue à couper le souffle. ❧ *Amí Reial, Bolvir, 3 km au SO de Puigcerdà • 972 14 01 82 • www.torredelremei. com • €€€€€*.

El Hostal de la Gavina
Cette bâtisse est entourée d'un parc. Les chambres sont meublées à l'ancienne. La plage est à 200 m, mais l'hôtel a une piscine d'eau de mer. La Gavina abrite un restaurant de luxe qui sert une délicieuse cuisine. ❧ *Pl. de la Rosaleda, 3 km au S de S'Agaró • 972 32 11 00 • www.lagavina.com • ferm. mi-oct.-Pâques (sauf Nouvel An) • €€€€€*.

Hotel Aiguablava
Situé au sommet de falaises escarpées, cet hôtel, tenu par la même famille depuis quatre générations, surplombe la Méditerranée. Toutes les chambres sont décorées différemment. L'hôtel dispose d'une grande piscine extérieure. Le petit déjeuner est compris. ❧ *Platja de Fornells, Begur • 972 62 45 62 • www.aiguablava.com • ferm. nov.-fév. • €€€*.

Fonda Biayna
Fondé dans les années 1820, ce vieil hôtel a un charme rustique. Son client le plus célèbre, Picasso, arriva avec ses toiles à dos de mule, avant de partir pour Paris. ❧ *C/de Sant Roc 11, Bellver, Cerdanya • 973 51 04 75 • www. fondabiayna.com • €€*.

Hostal Sa Tuna
Cet hôtel familial situé sur la jolie plage Sa Tuna dispose de 5 chambres. Jolie vue sur la mer de la terrasse. Le restaurant sert une bonne cuisine catalane. Petit déjeuner compris. ❧ *Pg de Ancora 6, platja Sa Tuna, 5 km au N de Begur • 972 62 21 98 • www.hostalsatuna.com • ferm. oct.-mars • €€€*.

Mas de Torrent
Près de Pals, cette belle ferme du XVIIIe s. a été transformée en hôtel. Les œuvres d'art contemporain contrastent avec l'ancienneté du bâtiment. Piscine extérieure et Spa. ❧ *Finca Mas de Torrent, Torrent, 5 km au NO de Palafrugell • 972 30 32 92 • www.mastorent.com • AH • €€€€€*.

Parador de Tortosa
Cet hôtel occupe le castillo de la Zuda, bâti par les Maures, et domine la ville de Tortosa. Il est décoré de beaux meubles anciens. La vue sur la campagne et les montagnes y est superbe. ❧ *Castillo de la Zuda, Tortosa • 977 44 44 50 • www.parador.es • €€€*.

Ca L'Aliu
Dans le village de Peratallada, cette *casa rural* (gîte) restaurée dispose de chambres confortables. Si vous voulez aller vous balader, les propriétaires vous prêteront des vélos. ❧ *C/Roca 6, Peratallada, 12 km au NO de Palafrugell • 972 63 40 61 • www.calaliu.com • €€*.

Royal Tanau
Depuis ce luxueux hôtel, les clients peuvent rejoindre directement par télésiège les pistes de la station de ski Baqueira-Beret (p. 126). Les chambres sont confortables et la vue sur les Pyrénées est magnifique. ❧ *Ctra/de Beret, Baqueira-Beret, 120 km au N de Lleida • 973 64 44 46 • www. solmelia.com • ferm. mai-nov. • AH • €€€€€..*

Hotel Historic
L'hôtel est situé au cœur de la vieille ville de Girona, à l'angle de la cathédrale. Vous pouvez louer une chambre ou un appartement. ❧ *C/Belmirail 4a • 972 223 583. • www.hotelhistoric.com • €€*

Index

Index

152

Remerciements

Auteurs

AnneLise Sorensen est écrivain voyageur, journaliste et éditrice. Elle est à moitié catalane et a vécu et travaillé à Barcelone. Elle a participé à de nombreux magazines touristiques et guides de voyage.

Ryan Chandler, écrivain et journaliste, travaille à Barcelone depuis plus de dix ans. Il est actuellement correspondant à Barcelone du magazine espagnol *The Broadsheet*.

Réalisé par Departure Lounge, Londres
Direction éditoriale Ella Milroy
Direction artistique Lee Redmond
Éditeur Clare Tomlinson
Maquette Lisa Kosky
Informatique éditoriale Ingrid Vienings
Iconographie Monica Allende assistée d'Amaia Allende, Ana Virginia Aranha, Diveen Henry
Consultant Brian Catlos
Relecture Catherine Day
Index Hilary Bird
Lecture Catherine Day
Mise à jour Paula Canal, Brian Catlos, Mary-Ann Gallagher, AnneLise Sorensen
Reportage photographique Joan Farré, Manuel Huguet
Photographies d'appoint Max Alexander, Mike Dunning, Heidi Grassley, Alan Keohane, Ella Milroy, Naomi Peck, Paul Young
Illustration Chris Orr & Associates, Lee Redmond
Cartographie Martin Darlison, Tom Coulson, Encompass Graphics Ltd

Chez Dorling Kindersley

Direction éditoriale Louise Bostock Lang
Direction Kate Pool
Direction artistique Marisa Renzullo, Gillian Allan, Pete Amrine
Cartographie Casper Morris
Informatique éditoriale Jason Little, Conrad van Dyk
Fabrication Joanna Bull
Maquette et collaboration éditoriale Sonal Bhatt, Mariana Evmolpidou, Anna Freiberger, Claire Jones, Juliet Kenny, Jude Ledger, Caroline Mead, Pete Quinlan, Quadrum Solutions, Mani Ramaswamy, Sylvia Tombesi-Walton, Hugo Wilkinson, Word On Spain

Crédits photographiques

h = en haut ; hc = en haut au centre ; hd = en haut à droite ; hg = en haut à gauche ; chg = au centre en haut à gauche ; hc = en haut au centre ; chd = au centre en haut à droite ; cg = centre gauche ; c = centre ; cd = centre droite ; b = en bas ; cbg = au centre en bas à gauche ; bc = en bas au centre ; cbd = au centre en bas à droite ; bg = en bas à gauche ; bc = en bas au centre ; bd = en bas à droite.

Nous avons recherché avec soin tous les détenteurs de copyrights et nous corrigerons toute erreur signalée dans les prochaines éditions de cet ouvrage.

Les œuvres ont été reproduites avec la permission des détenteurs de droits suivants : *Homea* 1974 Eduardo Arranz Bravo © ADAGP, Paris et DACS, Londres 2006 28bd ; *Cadillac pluvieuse* Salvador Dalí © Royaume d'Espagne, Fondation Gala-Salvador Dalí, DACS, Londres 2006 119b.

L'éditeur remercie les particuliers, sociétés et bibliothèques d'images qui ont autorisé la reproduction de leurs photographies :

AGUA RESTAURANT : 100 hg ; AISA, Barcelone : 1c, 11c, 30hg, 30hd, 30c, 31bg, 31hd, 31cd, 31bd, 118c ; ALAMY IMAGES : ICSDB 131hd, Melvyn Longhurst 61bg, John Ferro Sims 78hd ; BARCELONA TURISME : 61hd, 110c ; Espai d'Imatge 64c, 65b, Jordi Trullas 64h ; BUBO : 75hd ; CA L'ISIDRE : 87hg ; CAL PEP : 79h ; CASA ALFONSO : 108hd ; CASA CALVET : 109hg ; CINC SENTIS : 44hg ; CLUB CATWALK : 100hg ; COMMERÇ 24 : 44hd ; DK IMAGES : Ian Altken 85hg, Steve Gorton 134hd ; DANIEL CAMPI : 146hg ; EGO GALLERY : 84hg ; EL PIANO : 114hd ; ELEPHANT CLUB : 46hc ; FUNDACION JOAN MIRO : *Pagès Catalá al cla de Luna* Joan Miró © Succession Miró/ADAGP, Paris et DACS, London 2006 22bg ; *Tapis de al Fundacio* Joan Miró © Succession Miró/ADAGP, Paris et DACS, Londres 2006 22-23c ; *Home i Dona Davant un Munt d'Excrement* Joan Miró © Succession Miró/ADAGP, Paris et DACS, Londres 2006 23hd ; GALERIA DELLS ANGELS : 84hg ; GETTY IMAGES : Tony Stone/Luc Beziat 48c ; HOTEL OMM : 107hd ; MANUEL HUGUET : 128-129 ; IMAGESTATE : AGE-Fotostock 141hd ; avec la permission de CAIXA CATALUNYA : 137hg ; JAMBOREE : 47hd, 77hd ; LA MANUAL ALPARGATERA : 75hc ; LIKA LOUNGE : 107hg ; MON DE MONES : 114hg ; MUSEU NACIONAL D'ART DE CATALUNYA : 18b, 19hg, 19hd, 19ch, 19b, 92-93 ; MUSEU D'ART CONTEMPORANI : 28hg, 28cg, 28-29c ; MUSEU PICASSO : *Hombre con boina* Pablo Picasso © Succession Picasso/DACS, Londres 2006 24b ; *La Espera* Pablo Picasso © Succession Picasso/DACS, Londres 2006 24-25 ; *El Loco* Pablo Picasso © Succession Picasso/DACS, Londres 2006 25h ; *Caballo corneado* Pablo Picasso © Succession Picasso/DACS, Londres 2006 25cd ; *Las Meninas* Pablo Picasso © Succession Picasso/DACS, Londres 2006 25b ; MIRIAM NEGRE : 44hd, 46bg, 58bg, 114g, 144d, 112b, 113h, 117, 139d ; PARC ZOOLOGIC : 16bg ; FRANCISCO FERNANDEZ PRIETO : 76hg, 76hd ; PRISMA, Barcelone : 66b, 125h, 126h ; RAZZMATAZZ : Albert Uriach 47cg, 100hd ; RENFE : 132hd ; SALA BE COOL : 46bg ; SIDECAR FACTORY CLUB : Moises Torne (motobi@terra.es) 77hg ; TEXTIL CAFE : 42bg, ZELIG : 86hg ; ZENTRAUS : 86hd.

Toutes les autres illustrations :
© Dorling Kindersley sauf :
1re de couverture : © Pixtal/hemis.fr

Lexique français-catalan

Urgences

Au secours !	**Auxili !**
Arrêtez !	**Pareu !**
Appelez un médecin !	**Telefoneu un metge !**
Appelez une ambulance !	**Telefoneu una ambulància !**
Appelez la police !	**Telefoneu la policia !**
Appelez les pompiers !	**Telefoneu els bombers!**
Où est le téléphone le plus proche ?	**On és el telèfon més proper ?**
Où est l'hôpital le plus proche ?	**On és l'hospital més proper ?**

L'essentiel

oui	**si**
non	**no**
s'il vous plaît	**si us plau**
merci	**gràcies**
excusez-moi	**perdoni**
bonjour	**hola**
au revoir	**adéu**
bonne nuit	**bona nit**
le matin	**el matí**
l'après-midi	**la tarda**
le soir	**el vespre**
hier	**ahir**
aujourd'hui	**avui**
demain	**demà**
ici	**aquí**
là	**allà**
Quoi ?	**Què ?**
Quand ?	**Quan ?**
Pourquoi ?	**Per què ?**
Où ?	**On ?**

Quelques phrases utiles

Comment allez-vous ?	**Com està ?**
Très bien, merci.	**Molt bé, gràcies.**
Ravi de vous rencontrer.	**Molt de gust.**
À bientôt.	**Fins aviat.**
C'est bien.	**Està bé.**
Où est/sont... ?	**On és/són... ?**
À quelle distance en mètres/kilomètres se trouve... ?	**Quants metres/kilòmetres hi ha d'aquí a... ?**
Comment va-t-on à... ?	**Per on es va a... ?**
Parlez-vous français /anglais ?	**Parla francès /anglès ?**

Je ne comprends pas.	**No l'entenc.**
Pouvez-vous me parler plus lentement, s'il vous plaît ?	**Pot parlar més a poc a poc, si us plau ?**
Excusez-moi.	**Ho sento.**

Quelques mots utiles

grand	**gran**
petit	**petit**
chaud	**calent**
froid	**fred**
bon	**bo**
mauvais	**dolent**
assez	**bastant**
bien	**bé**
ouvert	**obert**
fermé	**tancat**
gauche	**esquerra**
droite	**dreta**
tout droit	**recte**
près	**a prop**
loin	**lluny**
en haut	**a dalt**
en bas	**a baix**
tôt	**aviat**
tard	**tard**
entrée	**entrada**
sortie	**sortida**
toilettes	**lavabos/serveis**
plus	**més**
moins	**menys**

Achats

Combien cela coûte ?	**Quant costa això ?**
J'aimerais...	**M'agradaria...**
Avez-vous... ?	**Tenen... ?**
Je ne fais que regarder, merci.	**Només estic mirant, gràcies.**
Acceptez-vous les cartes de crédit ?	**Accepten targes de crèdit ?**
À quelle heure ouvrez-vous ?	**A quina hora obren ?**
À quelle heure fermez-vous ?	**A quina hora tanquen ?**
celui-ci	**aquest**
celui-là	**aquell**
cher	**car**
bon marché	**bé de preu/barat**
taille (vêtements)	**talla/mida**

pointure (chaussures)	**número**
blanc	**blanc**
noir	**negre**
rouge	**vermell**
jaune	**groc**
vert	**verd**
bleu	**blau**
antiquaire/magasin d'antiquités	**antiquari/botiga d'antiguitats**
la boulangerie	**el forn**
la banque	**el banc**
la librairie	**la llibreria**
la boucherie	**la carnisseria**
la pâtisserie	**la pastisseria**
la pharmacie	**la farmàcia**
la poissonnerie	**la peixateria**
le marchand de fruits et légumes	**la fruiteria**
l'épicerie	**la botiga de queviures**
le coiffeur	**la perruqueria**
le marché	**el mercat**
le kiosque à journaux	**el quiosc de premsa**
le bureau de poste	**l'oficina de correus**
le magasin de chaussures	**la sabateria**
le supermarché	**el supermercat**
le bureau de tabac	**l'estanc**
l'agence de voyages	**l'agència de viatges**

Visites

la galerie d'art	**la galeria d'art**
la cathédrale	**la catedral**
l'église	**l'església**
la basilique	**la basílica**
le jardin	**el jardí**
la bibliothèque	**la biblioteca**
le musée	**el museu**
l'office de tourisme	**l'oficina de turisme**
l'hôtel de ville	**l'ajuntament**
fermé pour les vacances	**tancat per vacances**
la gare routière	**l'estació d'autobusos**
la gare ferroviaire	**l'estació de tren**

À l'hôtel

Avez-vous une chambre libre ?	**Tenen una habitació lliure ?**
chambre pour deux personnes avec un grand lit	**habitació doble amb llit de matrimoni**
chambre à deux lits	**habitació amb dos llits/**

chambre pour une personne	**amb llits individuals** **habitació individual**
chambre avec salle de bains	**habitació amb bany**
douche	**dutxa**
le porteur	**el grum**
la clef	**la clau**
J'ai réservé une chambre.	**Tinc una habitació reservada.**

Au restaurant

Avez-vous une table pour… ?	**Tenen taula per… ?**
Je voudrais réserver une table.	**Voldria reservar una taula.**
La note, s'il vous plaît.	**El compte, si us plau.**
Je suis végétarien/ne.	**Sóc vegetarià/ vegetariana.**
serveuse	**cambrera**
serveur	**cambrer**
la carte	**la carta**
menu du jour	**menú del dia**
la carte des vins	**la carta de vins**
un verre d'eau	**un got d'aigua**
un verre de vin	**una copa de vi**
une bouteille	**una ampolla**
un couteau	**un ganivet**
une fourchette	**una forquilla**
une cuillère	**una cullera**
le petit déjeuner	**l'esmorzar**
le déjeuner	**el dinar**
le dîner	**el sopar**
le plat principal	**el primer plat**
les entrées	**els entrants**
le plat du jour	**el plat del dia**
le café	**el cafè**
saignant	**poc fet**
à point	**al punt**
bien cuit	**molt fet**

Lire la carte

l'aigua mineral	l'eau minérale
sense gas/amb gas	plate/gazeuse
al forn	cuit au four
fregit	frit
l'all	l'ail
l'arròs	le riz
les botifarres	le boudin
la carn	la viande
la ceba	l'oignon
la cervesa	la bière

Català	Français
l'embotit	la viande froide
el filet	le filet
el formatge	le fromage
la fruita	les fruits
els fruits secs	les fruits secs
les gambes	les crevettes
el gelat	la glace
la llagosta	la langouste
la llet	le lait
la llimona	le citron
la llimonada	la limonade
la mantega	le beurre
el marisc	les fruits de mer
la menestra	mélange de légumes
l'oli	l'huile
les olives	les olives
l'ou	l'œuf
el pa	le pain
el pastís	le gâteau
les patates	les pommes de terre
el pebre	le poivre
el peix	le poisson
el pernil salat serrà	le jambon de pays
el plàtan	la banane
el pollastre	le poulet
la poma	la pomme
el porc	le porc
les postres	les desserts
rostit	rôti
la sal	le sel
la salsa	la sauce
les salsitxes	les saucisses
sec	sec
la sopa	la soupe
el sucre	le sucre
la taronja	l'orange
el te	le thé
les torrades	les toasts
la vedella	le bœuf
el vi blanc	le vin blanc
el vi negre	le vin rouge
el vi rosat	le rosé
el vinagre	le vinaigre
el xai/el be	l'agneau
la xocolata	le chocolat
el xoriç	le chorizo

Nombres

0	zero
1	un (masc.) una (fém.)
2	dos (masc.) dues (fém.)
3	tres
4	quatre
5	cinc
6	sis
7	set
8	vuit
9	nou
10	deu
11	onze
12	dotze
13	tretze
14	catorze
15	quinze
16	setze
17	disset
18	divuit
19	dinou
20	vint
21	vint-i-un
22	vint-i-dos
30	trenta
31	trenta-un
40	quaranta
50	cinquanta
60	seixanta
70	setanta
80	vuitanta
90	noranta
100	cent
101	cent un
102	cent dos
200	dos-cents (masc.)
	dues-centes (fém.)
300	tres-cents
400	quatre-cents
500	cinc-cents
600	sis-cents
700	set-cents
800	vuit-cents
900	nou-cents
1 000	mil
1 001	mil un

Le jour et le temps

lundi	dilluns
mardi	dimarts
mercredi	dimecres
jeudi	dijous
vendredi	divendres
samedi	dissabte
dimanche	diumenge
une minute	un minut
une heure	una hora